Innovationskraft in Unternehmen

Function follows feelings
Interdisciplinarity feeds creativity
Reverse control
Spaces are interfaces
Team builds organization

Benedikt Hackl · Joachim Hasebrook ·
Dominik Baumann · Bernhard Zünkeler

Innovationskraft in Unternehmen

Impulse für mehr Innovationsfähigkeit, Performanz und Zukunftsfähigkeit

Benedikt Hackl
Management Analytics
Stuttgart und München
Baden-Württemberg/Bayern
Deutschland

Joachim Hasebrook
Management Analytics
Münster und München, Deutschland

Dominik Baumann
Memmingerberg, Deutschland

Bernhard Zünkeler
Bochum, Deutschland

ISBN 978-3-658-45696-2   ISBN 978-3-658-45697-9   (eBook)
https://doi.org/10.1007/978-3-658-45697-9

Die Deutsche Nationalbibliothek verzeichnet diese Publikation in der Deutschen Nationalbibliografie; detaillierte bibliografische Daten sind im Internet über https://portal.dnb.de abrufbar.

© Der/die Herausgeber bzw. der/die Autor(en), exklusiv lizenziert an Springer Fachmedien Wiesbaden GmbH, ein Teil von Springer Nature 2024

Das Werk einschließlich aller seiner Teile ist urheberrechtlich geschützt. Jede Verwertung, die nicht ausdrücklich vom Urheberrechtsgesetz zugelassen ist, bedarf der vorherigen Zustimmung des Verlags. Das gilt insbesondere für Vervielfältigungen, Bearbeitungen, Übersetzungen, Mikroverfilmungen und die Einspeicherung und Verarbeitung in elektronischen Systemen.
Die Wiedergabe von allgemein beschreibenden Bezeichnungen, Marken, Unternehmensnamen etc. in diesem Werk bedeutet nicht, dass diese frei durch jede Person benutzt werden dürfen. Die Berechtigung zur Benutzung unterliegt, auch ohne gesonderten Hinweis hierzu, den Regeln des Markenrechts. Die Rechte des/der jeweiligen Zeicheninhaber*in sind zu beachten.
Der Verlag, die Autor*innen und die Herausgeber*innen gehen davon aus, dass die Angaben und Informationen in diesem Werk zum Zeitpunkt der Veröffentlichung vollständig und korrekt sind. Weder der Verlag noch die Autor*innen oder die Herausgeber*innen übernehmen, ausdrücklich oder implizit, Gewähr für den Inhalt des Werkes, etwaige Fehler oder Äußerungen. Der Verlag bleibt im Hinblick auf geografische Zuordnungen und Gebietsbezeichnungen in veröffentlichten Karten und Institutionsadressen neutral.

Planung/Lektorat: Ann-Kristin Wiegmann
Springer Gabler ist ein Imprint der eingetragenen Gesellschaft Springer Fachmedien Wiesbaden GmbH und ist ein Teil von Springer Nature.
Die Anschrift der Gesellschaft ist: Abraham-Lincoln-Str. 46, 65189 Wiesbaden, Germany

Wenn Sie dieses Produkt entsorgen, geben Sie das Papier bitte zum Recycling.

Ideen an sich und für sich haben nur einen sehr geringen Wert. Der Wert einer Erfindung liegt in ihrer praktischen Durchführung

Werner von Siemens, 1865.

Für unsere Kinder: Nils, Moritz, Antonia, Mara, Julian und Timo

Danksagung

Wir danken dem Bildungswerk der Baden-Württembergischen Wirtschaft e. V. (BIWE Gruppe), insbesondere Herrn Küpper und Frau Drägert, mit dem wir seit vielen Jahren im Rahmen von Studien, Projekten und Qualifizierungsformaten zum Thema „Innovationskraft" zusammenarbeiten. Auch für das vorliegende Werk war die BIWE Gruppe ein wichtiger Impulsgeber.

Wir danken der Dualen Hochschule Baden-Württemberg, insbesondere der Studienakademie in Ravensburg und dem CAS, Prof. Dr. Dreher, Prof. Dr. Ottler, Prof. Dr. Kühnle, und Prof. Dr. Mayer-Bonde, für Ihre Unterstützung.

Wir danken den Mitarbeiterinnen und Mitarbeitern in unserem Forschungszentrum Management Analytics für das „Mitdenken" und ihre Ideen.

Inhaltsverzeichnis

1	**Innovation – Anzeichen eines strukturellen Kraftmangels?**	1
1.1	Innovation als Sorgenkind	4
	1.1.1 Innovationsschwäche bis in die Rahmenbedingungen hinein	6
	1.1.2 Zu viel „Innovationstheater" in deutschen Unternehmen	7
1.2	Irrtum 1: Der kreative Kopf macht die Innovation	12
1.3	Irrtum 2: Innovation lässt sich managen	19
	1.3.1 Merkmale innovationsstarker Unternehmen	19
	1.3.2 Schlank, agil und beidhändig	23
1.4	Irrtum 3: Es gibt eine ideale Organisationsform für Innovation	35
	1.4.1 Performant und innovativ durch Oszillation	38
	1.4.2 Fluide Organisation für mehr Innovation	43
	Anhang	48
	Literatur	49
2	**Teams – die Quelle für Innovation**	57
2.1	Teams sind die zentrale Leistungseinheit	59
2.2	Individuen stehen für Kreativität, Teams für Innovation	66

	2.3 Führung und Steuerung innovativer und erfolgreicher Teams	70
	2.4 Es braucht einen Perspektivwechsel	78
	2.4.1 Teams als zentrale Leistungseinheit innerhalb der Organisation	78
	2.4.2 Voraussetzungen für erfolgreiche Teamarbeit	80
	2.4.3 Teamrollen und ihre Bedeutung	82
	Anhang	89
	Literatur	91
3	**Führung – die Steuereinheit zur Kraftentfaltung**	**93**
	3.1 Die Kunst der Unternehmensführung	95
	3.2 Führung schafft die Voraussetzung für Innovation im Team	98
	3.2.1 Erste Voraussetzung: Psychologische Sicherheit	101
	3.2.2 Zweite Voraussetzung: Mitarbeiterbeteiligung	104
	3.3 Führen und führen lassen	109
	3.4 Rahmenbedingungen für innovationsförderliche Führung	119
	Anhang	127
	Literatur	129
4	**Fazit – 11 Umschalt-Hebel auf dem Weg zur Innovationskraft**	**131**
Studienverzeichnis		**137**

Intro – Ein paar Denkanstöße zum Einstieg

Function follows feelings
Das deutsche Wort „Gefühl" lässt hartgesottene Innovations-Logiker normalerweise kalt. Wir sind es aufgrund der vielen zählbaren Erfolge von bahnbrechenden Erfindungen gewohnt, funktionale Entwicklungen glasklar auf unsere kognitiven Erkenntnisse zurückzuführen. Die Funktion basiert auf logischen Schlussfolgerungen und naturwissenschaftlichen Grundüberzeugungen. Wir haben hart dafür arbeiten müssen, damit sich diese Erkenntnis auch in der Form ausdrückt – gleich, ob als Staatsform, Rechtsform oder DIN-Norm. Im technokratischen Sinn wurden aus dieser Logik funktionierende Innovationen geschaffen und im industriellen Maßstab massenhaft verbreitet. Bei genauerem Hinsehen werden wir jedoch feststellen, dass es sich bei manchen dieser historischen Innovationen um schlichte Zufälle handelte. Bei anderen waren es gemeinsame Träume oder auch grausame Disruptionen, die zum Neu-Aufbruch aufforderten. Alle Fälle von Innovation haben jedoch gemeinsam, dass sie auf Basis von komplexen menschlichen Prozessen entstanden sind, um angenommen zu werden und sich durchzusetzen. Die Logik maschineller Herstellung ist also nur ein Teil der

Wahrheit. Ebenso wie Konstruktion nicht mit Wachstum gleichgestellt werden kann, so kann maschinelle Funktion nicht Pate für das Funktionieren von menschengemachter und -dienlicher Innovation stehen. Um den Zufällen des Lebens nicht schutzlos ausgeliefert zu sein und auch radikale Brüche überstehen zu können, hat uns die Natur mit einem einzigartigen Sensorium ausgestattet. In einem permanenten Kalibrierungsprozess gleichen wir die Wirklichkeit mit allen vererbten, erlebten und erlernten Mustern ab. Wir nennen diesen Prozess Intuition. Andere beschreiben ihn auch als Bauchgefühl.

Diese manchmal verächtlich gemeinte Ausdrucksweise soll nicht darüber hinwegtäuschen, wie entscheidend Gefühl bei Innovationen sein kann. Wenn sich kein ernsthaftes Störgefühl einstellt, dann spricht zumindest einiges dafür, dass es sich bei dem vorliegenden Sachverhalt nicht um eine wirkliche Innovation handelt. Ein gemeinsames Störgefühl aufgrund kollektiver Intuition ist daher in jedem Fall ein guter Gradmesser, um wirksame Innovation zu erkennen. Wenn sich bei uns also ein Störgefühl zu bisherigen Antworten auf globale Konflikte oder Klimaveränderung ergibt, dann ist das ein Aufwachsignal und möglicher Ausgangspunkt für Innovation. Doch Gefühl ist auch im weiteren Sinne bei der Erschließung neuer Errungenschaften wichtig. Denn bei Entwicklung im Team und auch bei kollektiver Rezeption der Neuerung wird unsere Intuition immer wieder Signale senden, die wir nicht überhören dürfen, wenn etwas im menschlichen Sinne wirklich funktionieren soll. Das richtige Ausbalancieren individueller und kollektiver Gefühle erscheint vielen als unnötiger Stress, den man am liebsten ausklammern mag. Die Natur hat diesen Prozess aber nicht ohne Grund in uns angelegt, um mit Änderungen und Neuerungen erfolgreich umzugehen.

Interdisciplinarity feeds creativity
Wenn sich individuelle Routinen tief in uns eingegraben haben, neigen wir dazu, unsere Intuition in den Tiefschlaf zu schicken. Wir steuern mit dem vorprogrammierten Autopiloten in unserer gemütlichen Komfortzone des Gewohnten. Anders ausgedrückt: Wir verlassen nur ungern die effizienten Autobahnen des Bekannten und lassen uns am liebsten

allein von unserer Lieblingsmusik zum Träumen bringen. Diese Traumfahrt kann allerdings sehr schnell ein böses Erwachen nach sich ziehen. Gefährlich wird es vor allem dann, wenn wir drohen einzuschlafen, weil wir uns zu sehr eingelullt haben und glauben, dass auch größere Störsignale kein Grund zur Besorgnis sind. Wir halten gerne an unserem Kurs fest. Vor allem mögen wir es nicht so gerne, wenn einem andere reinreden wollen. Wenn wir also auf unsere Traumfahrt jemanden mitnehmen müssen, dann auf jeden Fall jemanden, der die gleichen Autobahnen bevorzugt und die gleiche Musik hört.

Homogenität und Konsequenz war deshalb wohl auch lange Zeit ein fester Bestandteil bei der Ausrichtung unserer industriellen Autobahnen und der disziplinierten Struktur unserer Mitfahrenden – und ein buchstäblich blindes Teamverständnis als maximale Effizienzquelle. Dabei haben wir leider oft vergessen, dass es beim Auftreten von Störsignalen sehr wertvoll sein kann, wenn man nicht nur eine, sondern gleich mehrere Lösungsperspektiven einholt. Das kann lästig sein, weil es fast immer zu Lasten der Effizienz geht. Es ist jedoch unentbehrlich, wenn wir am Ende effektiv handeln wollen. Die Erkenntnismuster, die sich in anderen Personen gesammelt haben, sind wichtige Impulsgeber. Die Schnittmenge dieser Erkenntnismuster ist fast immer der erste Schritt auf dem Weg zu innovativen Lösungen. Die Auseinandersetzung mit den Denk- und Handlungsprozessen von Menschen mit anderen Denkmustern fordert unsere Kreativität aufs äußerste. Künstliche Intelligenz macht sich sicherlich nicht ohne Grund daran, diese Mustersuche in nie gekannter Geschwindigkeit zu konsolidieren. Aber letztlich braucht sie – bis auf weiteres – unsere Hilfe, weil wir in der Lage sind, nicht nur Muster zu konsolidieren, sondern gerade auch in der Auseinandersetzung durch gegenseitige Musterbrechung weiterzuentwickeln.

Reverse Control
Kontrolle ist ein wichtiges Instrument, um Schritt für Schritt Effizienz zu steigern. Durch fortlaufenden Soll-Ist-Abgleich schaffen wir es, wichtige Regeln zu etablieren, um einen reibungslosen Prozess mit Erkennt-

nissen der Vergangenheit zu füttern und für die Zukunft zu optimieren. Manchmal erscheint uns dieser Mechanismus so folgerichtig, dass wir von Kontrolle und ihren Regeln nie genug bekommen können. Dabei vergessen wir nur zu leicht, dass die Möglichkeit der Kontrolle, sich aus bekannten und verstandenen Umständen ergibt. Sobald unbekannte Parameter auftauchen, brauchen wir eine gewisse Zeit der Adaption. Noch schwieriger wird die Lage, wenn wir uns im komplexen Gelände des geistigen Neulands bewegen. Ein Neuland, wie wir es im digitalen Sinne gerade entdecken. In diesem Fall kann es leicht passieren, dass wir uns bekannte Ausrichtungsparameter suchen, um zumindest die Illusion von Kontrolle aufrecht zu erhalten.

Mit diesem Festhalten können sich stabile Regeln allerdings doppelt nachteilig auswirken. Zum einen blockieren die VOR-Stellungen von Regelparametern buchstäblich die Sicht auf neuartige Lösungen. Ganz nach dem Motto: Wer nur einen Hammer hat, für den wird jedes Problem schnell zu einem Nagel. Zum anderen öffnen wir uns im kontrollierenden Mindset selten ergebnisoffenen Methoden, um wirklich Neuartiges zu erfinden. Innovationskraft geht daher immer auch mit einer Art Rückwärtsbewegung von Kontrolle einher. Es wird weniger fest. Alles wird im ersten Moment der Innovation weicher, fragiler und unbeständiger. Auch hier schadet es nicht, einen Blick in die Natur zu richten. Damit aus winzig kleinen Dingen etwas großes Neues entsteht, dürfen Strukturen nicht zum unpassenden Korsett werden. Eierschalen sind nicht ohne Grund zerbrechlich. Wer Innovationskraft sofort versucht, mit stabiler Kontrolle zu unterstützen, um Erfolg zu garantieren, unterliegt nur zu leicht einer Kontrollillusion und wird nicht selten Gefangener seines eigenen Konzeptes.

Spaces are interfaces
Aufgrund der uns ständig umgebenden Effizienzerwartung ist es schwer, die Ausnutzung bekannter Parameter (Exploit-Mindest) gegen einen ergebnisoffenen Ansatz (Explore-Mindset) auszutauschen. Von daher ist es auch für Teams und ihre Führung alles andere als leicht, nicht auch

an Innovationen sofort die Maßstäbe anzulegen, die wir lange Zeit im Exploit-Mindset ausgenutzt haben. Einige Unternehmen haben bereits angefangen, in Freiräumen und Experimentierlaboren physischen und erlebbaren Raum als eine einfache und effektive Quelle von Führung zu begreifen. Denn der buchstäblichen Kontaktaufnahme in einer räumlichen Umgebung kann sich kaum einer entziehen. Sie vollzieht sich weitgehend unbewusst und schafft für all unsere Sinne eine fast unmerkliche Auseinandersetzung mit Neuem. Die gemeinsame physische Erfahrung funktioniert wie eine Art Schnittstelle für zwischenmenschliche Erkenntnisse aus all unseren Intelligenzebenen. Sinnliches Spüren und emotionale Empfindungen treffen hier auf kognitive Reflexionen und fiktionale Überzeugungen. Eine einmalige Chance, um Teams in tiefgehender Form zusammenzubringen.

Gerade in Post-Corona-Zeiten und durch zunehmende Fragmentierung von Arbeit hat Raum die Möglichkeit, unsere Innovationskraft besonders herauszukitzeln. Wir können uns durch räumliche Umgebung in eine Art Explore-Mindset versetzen. Jeder kann diesen Effekt an sich selbst erleben: Im Stadion haben die wenigsten Menschen Probleme, ihre Überzeugung herauszuschreien und ihrer Passion lautstark Ausdruck zu verleihen. Im Tanzlokal sind viele bereit, Spaß und Ausgelassenheit zu erspüren und mit Körperübungen zu unterlegen, die im neutralen Bürokontext nur höchst selten zur Anwendung kommen. Auch wenn dort jeder behauptet, Spaß an der Arbeit sei eine wichtige Grundlage für die Erhaltung der eigenen Kraft.

Ein Blick in die Historie zeigt, dass wir im Westen vor gut fünfhundert Jahren schon einmal mit einer massiven räumlich geistigen Disruption befasst waren. Buchdruck und Weltumrundung haben dem Normalsterblichen eine Welt beschert, die neuartiger nicht sein konnte. Eine der ersten Reaktionen auf dieses Panoptikum des Fremden waren sogenannte Wunderkammern. Aus ihnen haben sich später Labore, Museen und Bildungseinrichtungen entwickelt. Jede dieser Wunderkammern folgte einer variablen und multiplen Dynamik. Man wusste schließlich nie, was noch dazukommen würde. In dieser Weise könnte es uns auch heute helfen, wenn wir Raum nicht nur als reinen Kostenfaktor ansehen, der im Angesicht von modernen Medien immer weiter reduziert werden sollte. Es könnte sich bezahlt machen, wenn wir im Hinterkopf behalten, dass er als gemeinsamer Stimulanz-Ort unsere natürlichen Anlagen zur Neugierde erwecken kann, um sich auf das Spiel mit dem Unbekannten einzulassen.

Team builds organization
Team und Organisation scheinen untrennbar miteinander verbunden. Fragt man sich, was zuerst da war und wer wen beeinflusste, dann erinnert das auf paradoxe Weise an die Frage nach der Henne und dem Ei. Immerhin wird man sagen können, dass Team und Organisation zumindest von einer inneren Verbundenheit getragen sein müssen, um nicht als lose und zufällige Gebilde zu gelten. Schauen wir auf die Anfänge menschlicher Gruppenbildung, treffen wir auf Schicksalsgemeinschaften, die sich zumeist familiär zusammengefunden haben, um sich zum Schutz vor den Gefahren des Lebens zusammen zu schließen. Die Risikominimierung wurde in größeren Stammeskulturen weitergetrieben, um anschließend in großen arbeitsteiligen Organisationen auch generationsübergreifende Aufgaben in Angriff nehmen zu können.

Die Entwicklung von Organisationen war so erfolgreich, dass sie heute unsere Lebenseinstellung bis in den letzten Winkel unseres Alltags zu beherrschen scheint. Man kann kaum auf die Straße treten, ohne die Spuren von Organisationen zu spüren, die unser Leben beeinflussen. Von daher nehmen wir es als ganz natürlich an, wenn Organisationen als Schutz- und Risikogemeinschaften mit der Übersicht von oben Leitentscheidungen setzen und Teams entsprechend einem höheren Zweck zusammenführen. Erstaunlicherweise haben uns in letzter Zeit gerade moderne soziale Medien vor Augen geführt, dass sich Organisationsformen auch ganz anders bilden können. Dadurch tritt der Grund des inneren Zusammenhalts wieder stärker in den Vordergrund. Moderne Technik liefert uns die Möglichkeit, sich ständig neu zu organisieren –

gleich, ob es das Folgen einer Person, das Verfolgen eines Anliegens oder die Wahrnehmung einer gemeinschaftlichen Aufgabe ist. Organisationsformen ändern sich schneller und können doch in Größenordnungen wachsen, die zuvor niemand für möglich gehalten hat. Wir tasten uns gerade vorsichtig an neue Beantwortungen der Team- und Organisationsfrage heran. Wir vergessen daher hoffentlich weniger, dass innere Verbundenheit im Angesicht von Herausforderungen entsteht. Wir können uns jetzt sehr bewusst anschauen, wie sich Gemeinschaften suchen, die ein gemeinsames Anliegen teilen. Im Bereich der Innovation wird dieses neue alte Bewusstsein um inneren Zusammenhalt wichtiger denn je. Vor allem deshalb, weil uns im dichten Nebel der neuen Herausforderungen gerade die Übersicht von oben verloren gegangen ist. Ein Grund mehr ganz genau zu untersuchen, wie Teams sich selbst organisieren und wann sie bei übergeordneten Strukturen Führungshilfe suchen.

Innovation?

Dieser Begriff bietet sicherlich unterschiedliche Deutungsmöglichkeiten. Unser Verständnis von Innovation vermittelt ein Ausspruch des Wirtschaftsprofessoren und Managementexperten Dr. Oren Harari. Er sagte sinngemäß einmal, dass das elektrische Licht nicht durch die kontinuierliche Verbesserung der Kerze entstanden ist. Eine „echte" Innovation ist also etwas anderes oder „mehr" als die Entwicklung einer Kerze mit längerer Brenndauer. Es ist eine Idee, deren Umsetzung eine tiefgreifende, revolutionäre Veränderung herbeiführen und ein Produkt, ein Unternehmen oder ein ganzes System von Grund auf verändern kann.

Warum dieses Buch?

Diesen Gedanken folgend wollen wir zeigen, wie sich Unternehmen in Ihrer Innovationskraft verbessern können, warum etablierte Konzepte wie Lean Management und Agilität oft nicht die erhofften Ergebnisse bringen und welche zentrale Rolle Teams und Führung dabei spielen. In unserer Argumentation stützen wir uns auf Erkenntnisse aus mehr als zehn Jahren Forschungsarbeit mit dem Forschungsinstitut Management Analytics. Hier beschäftigen wir uns mit wesentlichen Innovationstreibern wie Teamperformance, Mitarbeiterführung oder der Steuerung von Organisationen. Zentrale Fragestellungen lauten etwa: Wie entsteht Innovationsfähigkeit in Unternehmen? Und wie müssen Unternehmen strukturiert sein, um ihre Innovationskraft zu steigern?

Was Sie erwartet

Dieses Buch bündelt die größten, wiederkehrenden AHA-Effekte aus unseren Untersuchungen und übersetzt sie in praxisnahe Impulse für Unternehmensverantwortliche. Es richtet sich an Mitglieder der Geschäftsführung, Führungskräfte und andere Organisationverantwortliche, die ihr Unternehmen zukunftsfähig und innovativ gestalten wollen. Entlang der Themenfelder Innovation, Team und Führung erwarten Sie elf Thesen, die Eye-Opener und Schienbeintritte in einem sind. Denn tatsächlich gehen viele Bemühungen auf Management-Ebene zur Steigerung der Innovationsfähigkeit unserer Überzeugung nach in die falsche Richtung. Abgerundet wird dieses Buch deshalb von elf konkreten Handlungs empfehlungen.

Dieses Buch soll Ihnen, liebe Leserinnen und Leser, neue Perspektiven auf eines der wichtigsten Managementthemen unserer Zeit eröffnen und gleichzeitig Handlungsmöglichkeiten aufzeigen, um Ihr Unternehmen innovativer und damit zukunftsfähiger zu machen. Wir hoffen, dass Ihnen die Lektüre möglichst viele AHA-Momente beschert und unter Umständen sogar für eine neue Durchbruchsinnovation sorgt.

These 1.
Den Schuss haben fast
alle gehört, aber
die Laufrichtung ist
weitgehend unbekannt.

XXIII   Intro – Ein paar Denkanstöße zum Einstieg

1

Innovation – Anzeichen eines strukturellen Kraftmangels?

Deutsche Unternehmen müssen ihre Innovationskraft stärken – doch die meisten setzen dafür auf die falschen Rezepte

Viele Manager glauben, dass ihre Mitarbeitenden die wichtigste Innovationskraft in ihrem Unternehmen sind. Aber das stimmt nicht. Verlässt man sich einfach auf individuelle Kreativität und Ideen, wird man schnell enttäuscht. Der Geschäftsführer eines mittelständischen Dienstleistungsunternehmens erzählte uns, wie er über mehrere Wochen hinweg mehrere Ideen-Workshops hatte durchführen lassen. Im Nachgang waren in den Aufenthaltsräumen Listen ausgehängt, in denen die Mitarbeitende ihre Ideen aufschreiben konnten. Von Anfang an seien nur wenig Ideen gekommen, berichtete er, und der Gipfel sei der Vorschlag gewesen, in den Teeküchen geschnittene Ingwerstückchen bereit zu stellen. Einfach nur irgendwelche Ideen einzufordern, reicht also wohl nicht aus. Denn gute Ideen, aus denen wirkliche Innovationen entstehen, sind selten und nicht einfach per Listenaushang zu erreichen.

Nach einer Studie der Bertelsmann-Stiftung[1] halten sich 71 % der Deutschen für besonders kreativ. Psychologischen Studien[2] zufolge ist

---

[1] Enders Analysis & Bertelsmann (2016).
[2] Vgl. Boschma & Fritsch (2009).

© Der/die Autor(en), exklusiv lizenziert an Springer Fachmedien Wiesbaden GmbH, ein Teil von Springer Nature 2024
B. Hackl et al., *Innovationskraft in Unternehmen*,
https://doi.org/10.1007/978-3-658-45697-9_1

aber nur ein kleiner Teil der Bevölkerung regional sehr unterschiedlich von ca. 4 % bis 16 % wirklich hoch kreativ. Regionen und Unternehmen mit einem höheren Anteil Kreativer sind erfolgreicher und für Mitarbeitende attraktiver als weniger kreative. Also am besten doch möglichst kreative Personen einstellen und damit den Erfolg des Unternehmens sichern? Auch das ist zu einfach gedacht – genau wie bei den aushängenden Listen zur Ideensammlung.

Individuen sind die Quelle von Kreativität, aber die Organisation setzt den Rahmen: Einzelne entwickeln viel mehr Ideen als Gruppen. Besonders kreative Personen fallen durch Flexibilität im Denken, ungewöhnliche Perspektiven und die Untersuchung möglichst vieler Alternativen auf. Das ist alles wahr. Aber der Organisationsrahmen ist entscheidend dafür, ob aus zahlreichen Ideen einige wenige, wirksame Innovationen werden.

Viele Manager wollen die Entstehung und Durchsetzung von Innovationen fördern, indem sie Kreativität durch Schulungen und Einführung von Kreativitätstechniken verbessern. Das scheitert aber oft an organisatorischen Hürden. In Deutschland wurden das erste Telefon (1861 von Philipp Reis), der erste Digitalcomputer (1941 von Konrad Zuse), das erste vierrädrige E-Auto (1888 von Andreas Flocken) und das MP3-Format (1982 von Hans-Georg Musmann) entwickelt. Bekanntlich ist Deutschland für keine dieser Technologien ein führender Wirtschaftsstandort. Andere Manager fokussieren sich daher auf organisatorische Maßnahmen und gründen „Zukunftslabore" oder „Innovation Labs". Aber auch das funktioniert nur sehr begrenzt. Auf einer Tagung in London zum Thema „Digital Transformation and Strategy" sagte uns einmal ein leidgeprüfter Top-Manager eines internationalen Konzerns: *„Ich habe noch nie ein Schnellboot gesehen, dass einen Tanker zieht".*

Das führt zu der dritten Überlegung, die gerade in den letzten Jahren besonders viel Zulauf im Management gewonnen hat: Wenn innovative „Schnellboote" nicht den großen „Unternehmenstanker" bewegen können, dann muss eben die gesamte Organisation schneller und flexibler werden. So entstand die Idee, die Organisationsform innovativer Unternehmen zu kopieren und auf das eigene Unternehmen zu übertragen. Geradezu euphorisch gefeiert wurde das 2012 vom schwedischen Audio-Streaming-Dienst Spotify vorgestellte Modell agiler Zusammenarbeit in sogenannten Squads (eigentlich eine kleine Kampfeinheit), Tribes (eigentliche Stammesgemeinschaften) und Chapters (eigentlich Versammlungen einer klösterlichen Gemeinschaft).

Das Durcheinander der Begriffe hat der Popularität des Spotify-Modells keinen Abbruch getan: Noch heute arbeiten viele Unternehmen damit oder versuchen zumindest, Teile davon zu kopieren. Das funktioniert oft gar nicht so schlecht, hat aber zwei entscheidende Nachteile. Erstens: Die agile Arbeitsweise eines neu gegründeten Streaming-Dienstleisters ist nicht einfach kopierbar und eignet sich auch nicht für alle Unternehmen. Und zweitens: Die Übernahme einer Organisationsform unterstellt, dass es eine Art ideale Organisationsform für Innovationen gibt. Das ist aber grundlegend falsch. Innovation entsteht gerade nicht durch eine bestimmte Organisationsform, sondern durch den Wechsel zwischen verschiedenen Organisationsformen.

Halten wir also fest:

1. Individuen bringen die Kreativität mit, aber die Organisation bestimmt den Rahmen, damit daraus Innovationen werden.
2. Das Management fokussiert sich entweder auf die Individualebene und will damit die Kreativität stärken, oder aber auf die Organisationsebene und gründet Zukunfts- oder Innovationslabore, die jedoch nicht ausreichend sind, um das ganze Unternehmen innovativer zu machen.
3. In der Sehnsucht, Innovation mit Erfolgsgarantie organisieren und regulieren zu können, wendet das Management gerne Organisationsmodelle erfolgreicher Unternehmen an und setzt diese im eigenen Unternehmen ein. Dabei wird zum einen übersehen, dass Erfolgsrezepte anderer Unternehmen oft nicht übertragbar oder sogar schädlich für das eigene Unternehmen sind. Zum anderen wird unterstellt, dass es eine ideale Organisationsform für hohe Innovationskraft gibt. Dabei ist es gerade die Spannung zwischen verschiedenen Organisationsformen, die zum Erfolg führt.

Wo deutsche Unternehmen aus unserer Sicht derzeit stehen, und warum die bisherigen Rezepte nicht helfen, die Innovationskraft zu stärken, beschreiben wir in diesem Kapitel.

1.1 Innovation als Sorgenkind

Deutschland sieht sich gerne als Exportweltmeister und Innovationsmotor. Ein nüchterner Blick auf aktuelle Marktdaten lässt daran zweifeln. Gerade im Hinblick auf Zukunftstechnologien wie Künstliche Intelligenz oder Bio-Technologie droht Deutschland den internationalen Anschluss zu verlieren. Und selbst die Vorzeigebranche Automobilbau schwächelt. Alle großen deutschen Autobauer zusammen schaffen es auf weniger Marktkapitalisierung als der US-amerikanische Konkurrent Tesla.

> Die Innovationsquote sinkt und es wird flächendeckend weniger investiert.

Ist Deutschland nach wie vor ein Land der Innovationen? Ein Blick auf den Patent Index 2022 des Europäischen Patentamtes scheint dies zunächst einmal nahezulegen.[3] Dort belegt Deutschland mit 24.684 Anmeldungen innerhalb der Europäischen Union immerhin noch den zweiten Rang hinter den USA (48.088 Anmeldungen) und weit vor dem zweitbesten EU-Land Frankreich (10.900 Anmeldungen), das auf Rang 5 steht. Doch bei genauerem Hinsehen offenbart sich, dass Deutschland im Vergleich zum Vorjahr knapp 5 % weniger Patente angemeldet hat, obwohl die Anzahl der Einreichungen über alle Länder hinweg um 2,5 % gestiegen ist. Ein signifikanter Abwärtstrend, der nachdenklich stimmt.

Ein ähnlich ambivalentes Bild ergibt sich, wenn wir das Ranking der Weltmarktführer 2023 betrachten.[4] Deren Anzahl liegt im deutschsprachigen Raum derzeit bei knapp unter 500. Das ist auf den ersten Blick eine beachtliche Zahl. Doch auch hier ist die Tendenz seit längerem rückläufig. Hinzu kommt, dass es unter diesen Weltmarktführern kein internationales Schwergewicht gibt. Das belegen aktuelle Börsendaten,

---

[3] Europäisches Patentamt (2023).
[4] Schlesiger (2022).

denn alle DAX-40-Unternehmen hierzulande haben zusammen eine geringere Marktkapitalisierung als einer der großen Tech-Giganten aus den USA.

Auch die Betrachtung des Innovationsindikators 2023 macht deutlich, dass Deutschland im internationalen Vergleich nicht an der Spitze rangiert.[5] Gemessen werden insgesamt 23 Einzelindikatoren bezüglich Innovationsfähigkeit, Schlüsseltechnologien und Nachhaltigkeitsthemen. Das Fazit der Studienverantwortlichen zum deutschen Innovationssystem lautet: Stabil, aber zu wenig dynamisch.[6] Demnach tritt Deutschland als Volkswirtschaft seit 15 Jahren auf der Stelle. Im aktuellen Ranking des Innovationsindikators belegt es einen Platz im oberen Mittelfeld (Rang 10 von 35) und befindet sich mit 45 von möglichen 100 Punkten deutlich hinter kleineren Volkswirtschaften wie Dänemark, Singapur oder der Schweiz.

Was sagt das aus? Im Grunde genommen lassen sich drei wesentliche Schlussfolgerungen ziehen:

1. Deutschland ist nach wie vor innovativ.
2. Bahnbrechende Innovationen finden allerdings woanders statt.
3. Insgesamt verliert die Bundesrepublik tendenziell an Innovationsstärke.

Hinzu kommt, dass Deutschland auch bei Investitionen in allen Sektoren seit Jahren im internationalen Vergleich zurückfällt.[7] Setzt sich dieser Trend fort, verliert die Bundesrepublik den Anschluss an andere bedeutende Industrienationen, was sich nicht nur auf den wirtschaftlichen Status quo, sondern vor allem auf die Innovationsstärke Deutschlands negativ auswirken würde.

> Es scheint das Motto zu regieren: Wenn wir schon nicht mehr viel erfinden, dann wollen wir davon auch möglichst wenig umsetzen.

---

[5] Frietsch et al. (2023).
[6] BDI (2023).
[7] Olk (2023).

Insgesamt sind diese Entwicklungen alarmierend. Trotz manches Vorzeigeunternehmens reduziert sich hierzulande peu à peu die innovative Breite und Tiefe. Deutschland lebt von der Substanz, und diese schwindet immer mehr. Dabei sind Innovationen das, was die Bundesrepublik volkswirtschaftlich groß gemacht hat und immer noch trägt. Durch sie wurden manche Unternehmen zu Weltkonzernen. Durch sie erlangte Deutschland eine herausragende Stellung in Kernindustrien wie dem Fahrzeug- und Maschinenbau, der Chemiebranche oder der Medizintechnik. Durch sie wurde das Prädikat „Made in Germany" zu einem weltweit bekannten Qualitätsmerkmal. Doch im globalen Wettbewerb scheint Deutschland gerade in Zukunftsfeldern immer mehr an Boden zu verlieren. Woran liegt das?

1.1.1 Innovationsschwäche bis in die Rahmenbedingungen hinein

Die einfache Erklärung, warum die Innovationskraft hierzulande schwindet, lautet: Die Rahmenbedingungen sind nicht ideal. Gegen die Innovationsfähigkeit spricht, dass zu wenig Risikokapital eingesetzt wird und gleichzeitig die notwendigen Fachkräfte fehlen.[8] Auch die vieldiskutierten, hohen Standortkosten verhindern manche Investition in neue Ideen und Technologien, insbesondere im Hinblick auf Energiepreise und Steuerbelastungen. Der vom Leibniz-Zentrum für Europäische Wirtschaftsforschung (ZEW) für die Stiftung Familienunternehmen erstellte Länderindex Familienunternehmen[9] sieht Deutschland gar als einen der derzeit größten Verlierer im weltweiten Wettbewerb. Hier belegt es den 18. Platz von insgesamt 21 betrachteten Industrienationen.

Sowohl in Wirtschaftskreisen als auch auf politischer Ebene wird überdies häufig über Effizienzverluste im Zusammenhang mit bürokratischen Prozessen geklagt. Langwierige Genehmigungsverfahren, komplexe Regulierungen, bürokratische Hürden oder zunehmende Berichtspflichten

---

[8] BDI (2023).
[9] Stiftung Familienunternehmen (2023).

bänden Ressourcen und machten Innovationsprozesse häufig teuer und langsam.[10] Die Kritik macht dabei nicht an Ländergrenzen halt. Denn besagte Standortnachteile im Zusammenhang mit Vorschriften und Überregulierungen zeigten sich auch in der europäischen Betrachtung.[11]

Erneut lässt sich ein ernüchterndes Fazit ziehen: Der Standort Deutschland wird tendenziell immer unattraktiver. Es steht zu befürchten, dass es zu weiteren Abwanderungen von Unternehmen und Ideenträgern kommt. Genau das Gegenteil dessen also, was im Hinblick auf die Zukunftsfestigkeit und Innovationsfähigkeit der deutschen Wirtschaft notwendig wäre.

1.1.2 Zu viel „Innovationstheater" in deutschen Unternehmen

Die äußeren Faktoren nehmen sicherlich Einfluss auf die Innovationsfähigkeit von Unternehmen. Doch wer alle Probleme damit erklären möchte, macht es sich zu einfach. Denn selbst wenn die externen Rahmenbedingungen günstig sind, bedeutet dies nicht zwangsläufig, dass ein Unternehmen innovationsstark ist. Umgekehrt können Unternehmen trotz widriger Umstände die eigene Innovationsfähigkeit enorm weiterentwickeln. Es lohnt sich also ein differenzierter Blick auf das einzelne Unternehmen, um Möglichkeiten für die Steigerung der eigenen Innovationsleistung zu ergründen.

Wie sich zeigt, haben Unternehmen in Deutschland ein ausgeprägtes Bewusstsein für aktuelle Herausforderungen und die damit verbundenen Notwendigkeiten. Insbesondere in Folge der globalen Krisen geht es um die Bereitschaft und Fähigkeit, Markteinschränkungen proaktiv zu begegnen, in kurzer Zeit neue Produkte und Dienstleistungen zu entwickeln und sich gänzlich neue Märkte zu erschließen. Die Notwendigkeit zur Steigerung der eigenen Innovationsfähigkeit und -stärke wird also bereits erkannt. So weit, so gut.

---

[10] Siehe z. B. Röser (2023).
[11] Siehe z. B. Spiegel Wirtschaft (2023).

Kleine, weitgehend wirkungslose Anpassungen des bestehenden Systems sind allerdings nicht die Lösung. Vielmehr erfordert es eine Regulierung der innerbetrieblichen Organisation, der Art der Zusammenarbeit sowie der Führung, um eine Innovationskultur zu etablieren. Es sind große, unternehmenskulturelle Veränderungen notwendig, vor denen Unternehmensentscheider tendenziell zurückschrecken.

> Unternehmen „inszenieren" wirkungslose Anpassungen, statt eine Innovationskultur zu etablieren.

Eine Erkenntnis aus der Forschungsarbeit ist, dass Unternehmen in den meisten Fällen nur bedingt wirksame Strategien parat haben, um Innovationserfordernisse in die Tat umzusetzen. Um die Innovationsfähigkeit innerhalb des Unternehmens zu steigern, reicht es bei weitem nicht aus, wenn neue Raumkonzepte umgesetzt werden, die mehr Kollaboration ermöglichen sollen. Beim Blick hinter die Kulissen wird schnell deutlich, ob es sich bei solchen strukturellen Angeboten zur Erhöhung der Innovationskraft um einen messbaren Mehrwert oder um bloße Inszenierungen handelt. Der Schluss liegt nahe, dass in Deutschland eine Art „Innovationstheater" aufgeführt wird, das über den Substanzverlust bei Innovationen und die fehlenden Antworten auf die drängenden Fragen hinwegtäuschen soll.

An Vorschlägen für einen Ausweg aus der Innovationsmisere mangelt es indes nicht. Der Staat müsse etwa seine aktive, richtungsgebende Rolle bei Subventions- und Förderprogrammen beenden, die eine selbständige Erschließung von Zukunftstechnologien durch den Privatmarkt verhindere.[12] Es müsse zudem ein agileres Innovationssystem etabliert werden, das eine schnelle Einführung und Skalierung von Geschäftsmodellen ermögliche.[13] Eng damit verwoben ist die Forderung

---

[12] Siehe z. B. Röser (2023).
[13] BDI (2023).

nach einem Abbau von bürokratischen Hürden und Zugangsbeschränkungen, nach Steuererleichterungen sowie nach Anreizen für ausländische Fachkräfte.

Diese und weitere Lösungen werden auf politischer und wirtschaftlicher Ebene zurzeit intensiv diskutiert. Das ist sicherlich ein wichtiger Schritt, um die Rahmenbedingungen kurz- bis mittelfristig zu optimieren. Dennoch scheint es so, dass sich einzelne Unternehmen hier gerne in der Opferrolle sehen. Zwar haben sie nur bedingt oder gar keinen Einfluss auf diese äußeren Faktoren. Das bedeutet aber nicht, dass sie nur dann innovativer werden können, wenn diese Rahmenbedingungen sich wieder verbessern. Darauf, was Unternehmen konkret tun können, um die eigene Innovationskraft zu stärken und zu aktivieren, richtet sich der Fokus dieses Buchs.

Sehen wir uns dazu die drei häufigsten Ansätze an, die das Management verfolgt, wenn es darum geht die Innovationskraft des Unternehmens zu erhöhen:

1. Die Mitarbeitenden zu mehr Kreativität anspornen (siehe Abschn. 1.2)
2. Innovationslabore (oder etwas ähnliches) gründen (siehe Abschn. 1.3)
3. Eine Arbeitsweise oder ein Organisationsmodell einführen, das zu mehr Innovation führen soll, insbesondere agile Arbeitsmethoden und eine agile Organisationsstruktur (siehe Abschn. 1.4).

These 2.
Individuelle Kreativität bewegt nur so viel, wie es die organisatorische Einbettung erlaubt.

1 Innovation – Anzeichen eines strukturellen Kraftmangels?

1.2 Irrtum 1: Der kreative Kopf macht die Innovation

Im Grunde genommen ist ganz einfach zu erkennen, warum kreative Einzelleistungen meist nicht zu gelungenen Innovationen führen: Individuelle Kreativität ist nur eine der zentralen Innovationsquellen, dann fehlen aber immer noch gezielte Förderung, Entwicklung und Verbreitung bzw. Nutzung von Innovation[14] (siehe Abb. 1.1). Die meisten Ansätze im Innovationsmanagement sehen zudem sehr ordentlich aus: Eine Innovationphase folgt auf die nächste – immer schön von der Idee bis zum Produkt. Aber so verlaufen Innovationsprozesse nicht: Sie sind chaotisch, machen oft Rückschritte, dann wieder plötzliche und unerwartete Fortschritte. Sie sind – gerade zu Beginn – sehr empfindlich gegenüber Einflüssen innerhalb und außerhalb der Firma und wechseln daher gerne Richtung und Tempo des Fortschritts. Man könnten von einem „Feuerwerksmodell"[15] der Innovation sprechen.

> Innovation ist zum einen wirtschaftlich erfolgreiche Neuerung im Unternehmen (Produkt- oder Prozessinnovation), und zum anderen der mehr oder weniger chaotische Prozess, der von einer Idee zur erfolgreichen Neuerung führt (Innovationsprozess).

Für eine erfolgreiche Innovation müssen also viele Faktoren ineinandergreifen und auch noch die Rahmenbedingungen stimmen. Kein Wunder, dass die allermeisten guten Ideen und sogar entwickelte Produktneuerungen nicht zu erfolgreichen Innovationen werden. Am Beispiel der Gesundheitswirtschaft kann man das sehr gut nachvollziehen: Von den Produktneuerungen, die es geschafft haben, all die komplizierten Prüfprozesse für neue Medizinprodukte erfolgreich zu bestehen, werden nur 40 % überhaupt in der Praxis eingesetzt und nur 1 % aller Produktinnovationen wird dauerhaft in der Regelversorgung eingesetzt.[16]

---

[14] Hasebrook et al. (2011).
[15] Vgl. Muckel (2011).
[16] Vgl. BMWi (2011).

1 Innovation – Anzeichen eines strukturellen Kraftmangels?

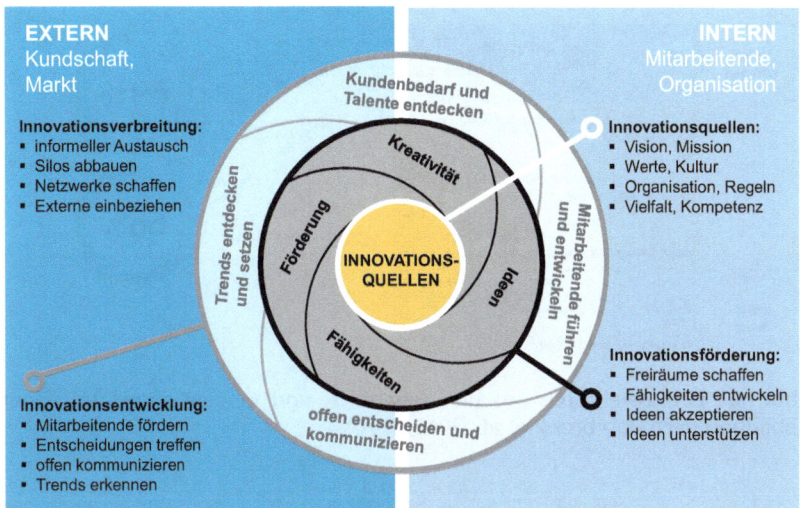

Abb. 1.1 Strukturbild institutionalisierter Innovationskultur. (Eigene Abbildung nach Hasebrook et al., 2011)

Dieses Beispiel zeigt die Probleme, die eine hoch geregelte und eng vernetzte Gesellschaft mit Innovationen hat – oder anders gesagt: Irgendwo klemmt es immer.

Doch schauen wir in die einzelnen Unternehmen: Wie wichtig sind da individuelle Beiträge und organisatorische Rahmenbedingungen? Wir haben dies im Rahmen eines vom Bundesforschungsministerium geförderten Projekts über Innovationen im Management untersucht, in dem wir Innovationsprozesse in verschiedenen Unternehmen über mehrere Monate begleitet und Daten von insgesamt 88 Unternehmen ausgewertet haben. Das Ergebnis war, dass sich durch die Qualität der organisatorischen Rahmenbedingungen, die Art der Zusammenarbeit und individuelle Kompetenzen der Innovationserfolg eines Unternehmens zu 69 % korrekt vorhersagen lassen, der von mehr Faktoren abhängige Geschäftserfolg sogar noch zu 56 %.[17]

---

[17] Vgl. Hasebrook et al. (2018); Die Zahl gibt die erklärte Varianz (korr. R^2) in unserem statistischen Vorhersagemodell an; üblich bei wirtschaftlichen Vorhersagemodellen sind im Schnitt etwa 10 bis 20 % erklärte Varianz.

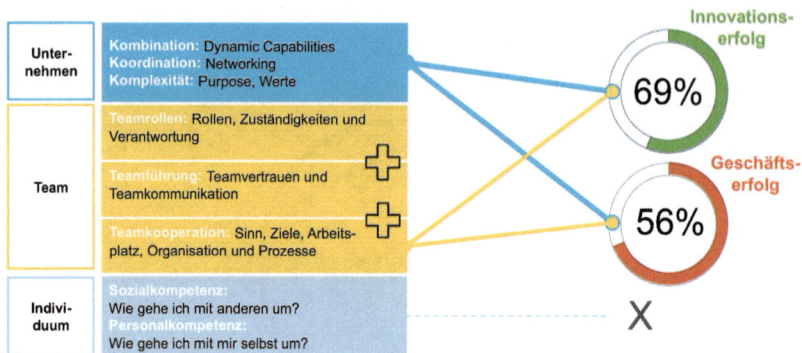

Abb. 1.2 Einflussfaktoren auf den Geschäfts- und Innovationserfolg. (Eigene Abbildung nach Hasebrook et al., 2018, S. 70)

Schaut man sich die Zusammenhänge näher an (siehe Abb. 1.2), so wird deutlich, dass die organisatorischen Rahmenbedingungen den Innovations- und Geschäftserfolg dominieren: Für Innovation sind die passende Kombination von Ressourcen (also Personen, Technik, Zeit und Geld) und Verringerung von Komplexität durch gemeinsame Ziel- und Wertvorstellungen das Wichtigste. Der Geschäftserfolg profitiert vor allem von der Kombination von Ressourcen und deren Koordination.

Einfach gesagt: Die Kombination der richtigen Leute mit ausreichend technischer und finanzieller Unterstützung und einer gemeinsamen Vision treibt den Innovationserfolg; der Geschäftserfolg profitiert neben der passenden Ressourcenkombination vor allem von einer reibungslosen Zusammenarbeit innerhalb und zwischen den Bereichen.

Und die individuellen Kompetenzen? Diese zeigen keinen direkten Einfluss auf den Innovationserfolg und auch nicht auf den Geschäftserfolg. Dabei haben wir uns die Datensätze gründlich angesehen um Zusammenhänge zu finden und haben Personalkompetenz (wie kompetent gehe ich mit mir selbst um?), Sozialkompetenz (wie kompetent gehe mit anderen um), aber auch Handlungskompetenz (wie kompetent gehe ich mit der Situation um?) und Fachkompetenz (wie kompetent gehe ich mit der Sache/dem Fach um?) untersucht. Aber es bleibt dabei: Es gibt keinen messbaren, direkten Zusammenhang zwischen individueller Kompetenz und Erfolg auf Unternehmensebene.

Und nun gleich noch ein Schock für die Verfechter der These des „einsamen Genies": Intelligenz, Kreativität und Motivation der Einzelpersonen erklären nicht, wie erfolgreich und innovativ Teams zusammenarbeiten. Eine Arbeitsgruppe an der Carnegie Mellon und am MIT haben dies mit 200 zufällig zusammengestellten Teams aus 600 Personen untersucht, die ganz unterschiedliche Aufgaben wie Bildrätsel, moralische Urteile oder Verhandlungen um begrenzte Ressourcen kreativ lösen sollten.[18] Aus der Intelligenz der Einzelpersonen ließ sich die Teamleistung nicht erklären. Auch Motivation und Zufriedenheit der Einzelnen spielten keine entscheidende Rolle. Nur ein Faktor trug deutlich messbar zur „Teamkreativität" bei: Die „soziale Sensitivität", also der Wille und die Fähigkeit zusammenzuarbeiten.

Fehlverhalten Einzelner oder Fehler im System?
Als der Dieselskandal publik wurde, sprach der damalige VW-Chef Winterkorn von einem „Fehlverhalten einzelner" bevor er im September 2015 wegen eben dieses Skandals zurücktreten musste. In den Chefetagen hält sich diese Theorie des Fehlerverhaltens Einzelner, die US-Amerikaner sprechen vom „schlechten Apfel" (bad apple).
Systeme schaffen Situationen und Situationen prägen Verhalten.
Ein anderes Beispiel aus der Automobilindustrie macht das deutlich. Der Autohersteller Ford rutschte in den 1970er Jahren durch scharfe Konkurrenz aus Japan und Deutschland in die Krise. Zentrale Gegenmaßnahme war die Platzierung des kostengünstigen Kleinwagens „Pinto", um Marktanteile zurückzugewinnen und Kosten zu senken. Durch einen Konstruktionsfehler geriet bei einem Auffahrunfall der Benzintank des Kleinwagens leicht in Brand. Dem Autohersteller war das Problem durchaus bekannt. Die Reparatur zur Fehlerbehebung hätte 11 US$ pro Auto gekostet. Da aber sehr viele Wagen bereits verkauft waren (und verkauft werden sollten), hätten sich die Kosten summiert. Die Entscheidung fiel, keine Reparatur vorzunehmen, weil die zu erwartenden 180 Todesfälle jährlich, kalkuliert mit Gerichtskosten von 200.000 US$ pro Fall plus Kosten für Schadensersatz und Imageverlust niedriger lagen als Reparaturkosten.
Als diese zynische Berechnung öffentlich bekannt wurde, ging ein Aufschrei der Entrüstung durch die US-amerikanische Öffentlichkeit. Aus Sicht der Managements war eine vernünftige, wirtschaftliche Entscheidung gefällt worden. Auch bei Volkswagen wurde im Dieselskandal sicher nicht aus unmoralischen Überzeugungen heraus gehandelt, sondern um sich

---
[18] Woolley et al. 2011, S. 686–688.

gegen die protektionistischen Umweltauflagen aus den USA zu wehren, die sich gezielt auch gegen die immer beliebter werdenden Diesel-Autos aus Deutschland richten. Wie entstehen also das vermeintliche Fehlerverhalten Einzelner durch Fehler im System? Hier eine kurze Anleitung zum Bau unmoralischer Systeme[19]:

1. **Positiv, aber vage:** Gute Sache, die nicht nachprüfbar ist (z. B. wirtschaftliches Überleben sichern, Patientensicherheit gewährleisten)
2. **Langsam erhitzen:** sich an unmoralisches, schädigendes Verhalten in kleinen Schritten gewöhnen (z. B. keine Schmiergeldzahlung, sondern Spende)
3. **Keine Zeit zur Reflektion:** Hohen zeitlichen und Gruppendruck ohne viel Zeit zum Nachdenken (z. B. auf sofortiger Entscheidung bestehen, zu enge Deadlines setzen)
4. **Autorität:** Wenig eigene Kompetenz in der Situation, Abgabe von Verantwortung an vermeintlich kompetente Person (z. B. fachliche Überforderung oder Einführung einer Autoritätsperson, die über aller Kritik steht)

Und wie kann es gelingen einem System entgegenzuwirken, welches Menschen zu Handlungen zwingt, die ihren eigenen Werten widersprechen? Auch dazu helfen vier Schritte:

1. **Nicht jeden macht Gelegenheit zum Dieb:** Persönliche Integrität prüfen und kritische Positionen mit besonders integren Personen besetzen
2. **Kritische Stimmen hören, Zeit zum Nachdenken geben:** Teams trainieren, dass sie auch unter Zeit- und Entscheidungsdruck richtig entscheiden
3. **Sicher führen:** Ermutigend, ethische Führung, die psychologische Sicherheit gibt, um aus Fehlern zu lernen
4. **Schwachstellen sichtbar machen:** Transparenz und Dokumentation, um Verbesserungen umzusetzen und Wirksamkeit zu prüfen

---

[19] Vgl. hierzu Kapitel „Vom Versagen Einzelner zur Folterkammer: unmoralische Systeme" (Hasebrook et al. 2020, S. 233–246).

**These 3.
Damit individuelle Kreativität kein Strohfeuer wird, muss das Team Gold daraus spinnen.**

1.3 Irrtum 2: Innovation lässt sich managen

Die meisten Manager konzentrieren sich lieber auf die organisatorischen Rahmenbedingungen als auf die individuelle Ebene. Viele individuell unterschiedliche Mitarbeitende zu bewegen, ist sehr aufwendig und wenig erfolgsversprechend. Viel einfacher ist es im Vergleich, die organisatorischen Rahmenbedingungen zu ändern und zu glauben, dass diese mehr oder weniger automatisch auch zu mehr Innovation führen. Das eingangs erwähnte „Spotify-Modell", das von vielen Unternehmen zur Erhöhung ihrer Agilität und Innovationskraft eingeführt wurde, ist ein schönes Beispiel dafür.

1.3.1 Merkmale innovationsstarker Unternehmen

Wie unterscheidet man strukturelle Angebote zur Erhöhung der Innovationskraft und solche, die eher Selbsttäuschung und Inszenierungen sind? In einer Studie mit rund 1.400 Führungskräfte und Mitarbeitende aus deutschen Unternehmen, schwerpunktmäßig Industrieunternehmen in Süddeutschland, gingen wir dieser Frage auf den Grund.[20]

Wir fanden **zwei Arten von Unternehmen**: eher dynamische und eher statische. Dynamische zeichnen sich durch flache Hierarchien, eine höhere Anpassungsfähigkeit, Agilität, höhere Reaktionsgeschwindigkeiten und die Integration neuer Arbeitsweisen aus. Statische Unternehmen hingegen zeigen Tendenzen zu strengen Hierarchien, Bürokratie, festen Strukturen, geringer Kommunikationsbereitschaft gegenüber Mitarbeitenden und langsamen Entscheidungsfindungen.

Es liegt auf der Hand, dass dynamische Unternehmen deutlich innovationsorientierter sind als statische. Sie legen weniger Wert auf Organisationsstrukturen, Hierarchiestufen und feste Regeln als statische Unternehmen. Klassische Hierarchien und Rollenmuster, erwartbare Handlungs- und Ablauflogiken und eine standardisierte Unternehmenskommunikation sind für dynamische, innovationsstarke Unternehmen

---

[20] Vgl. Hackl et al. (2023).

kaum von Bedeutung. Das lässt nun einen überraschenden Schluss zu: Wenn dynamische Unternehmen sich nicht durch besondere Strukturen auszeichnen, sondern gerade durch ihre Flexibilität, dann kann die Innovationsfähigkeit also nicht einfach durch die Veränderung bestehender Organisationsstrukturen und -regeln verbessert werden. Aber wie dann?

Eine nahe liegende Idee ist, dass ein Fokus auf individuelle Unterstützung und Förderung in Unternehmen mit flexiblen Strukturen die entscheidende Rolle spielt. Und in der Tat: Unsere Studie zeigt, dass Unternehmen einen höheren Innovationsoutput haben, wenn sie die Bedürfnisse von Individuen berücksichtigen. Dabei entscheidet vor allem die Art der Führung darüber, wie zufrieden Mitarbeitende mit ihrer Arbeit sind. Doch wie bereits beschrieben: Es ist nicht der individuelle Beitrag, der entscheidend ist für den Innovationserfolg, sondern die Zusammenarbeit. Nur zufriedene Mitarbeitende sind teamfähig im Sinne einer zielführenden, themenbezogenen Zusammenarbeit. Die Arbeitszufriedenheit bildet eine zentrale Voraussetzung für eine positive Teamkultur und die wiederum für eine hohe Innovationsleistung.

> **Teamfokussierung ist der zentrale Innovationstreiber.**

Teams mit gut funktionierender Zusammenarbeit sind der zentrale Faktor zur Steigerung der Innovationsfähigkeit: Herausforderungen können im Team besonders gut gelöst werden. „Team" ist nicht zwingend mit „Abteilung" oder einer von einer Führungskraft geleiteten Gruppe gleichzusetzen. Vielmehr verstehen wir darunter einen Zusammenschluss von Menschen in Arbeitssituationen, der interdisziplinär, themenbezogen, projektbasiert, hierarchie- und eben auch abteilungsübergreifend sein kann.

Nur wenn Teams als zentrale Steuerungsgröße im Innovationsgeschehen verankert sind, nehmen sie entscheidend Einfluss auf die Innovationsleistung des Unternehmens. Genau dies erfordert eine Loslösung von starren Organisationsstrukturen hin zu flexibleren Rahmenbedingungen. Denn wenn Teams zentraler Bestandteil von Leistungserstellung, Leistungsmessung, Zielsetzung und Zielerreichung sind, dann brechen sie das klassische System der Führungsspanne und die Führungskaskade auf. Sie können dann auch mit wechselnden Teamzusammensetzungen und Führungskräften ganz ohne disziplinarische Führung erfolgreich zusammenarbeiten.

Leider bieten nur wenige Unternehmen optimale Rahmenbedingungen für die Teamarbeit. Gerade einmal rund 25 % der untersuchten Unternehmen waren innovationsstark. Sie zeichnen sich durch eine durchgehende Team- und Individualausrichtung in der Unternehmensführung und flexible Organisationsstrukturen aus. Für die anderen 75 % gilt: Es sind radikale Anpassungen der Kultur und Struktur erforderlich, um ein innovationsstarkes Unternehmen zu werden (siehe Abb. 1.3).

Das Zusammenspiel der drei Ebenen Organisation, Team und Individuum haben wir auch in einem vom BMBF geförderten Projekt zusammen mit der Frankfurt School of Finance and Management und der

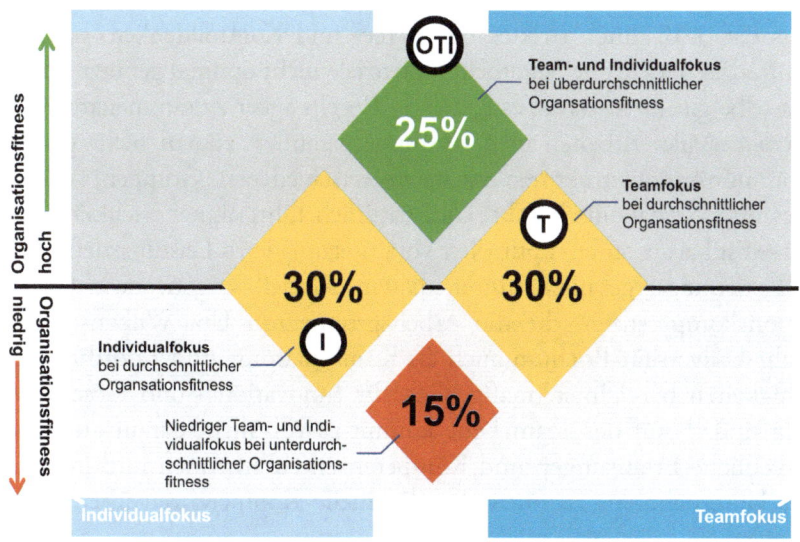

Abb. 1.3 Innovationsfähigkeit und Ausrichtung auf Organisation, Team und Individuum – OTI. (Eigene Abbildung nach Hackl et al., 2023); Farbskala=Innovationskraft der befragten Unternehmen hinsichtlich ihrer OTI-Ausrichtung (rot=gering, grün=hoch)

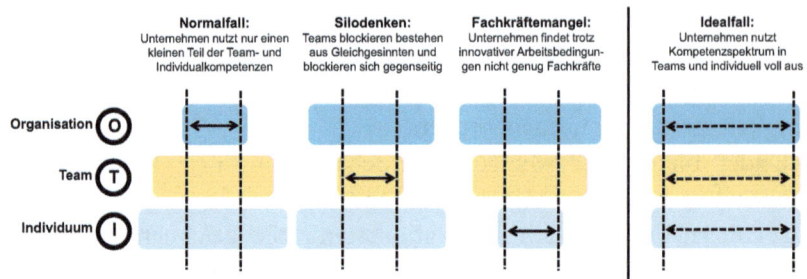

Abb. 1.4 Das Zusammenspiel der drei Ebenen Organisation – Team – Individuum im Modell. (Eigene Abbildung in Anlehnung an Ergebnisse aus Hasebrook et al., 2011)

Universität Oldenburg untersucht (siehe Abb. 1.4). Es zeigte sich, dass individuelle Kompetenzen die Basis aller Fähigkeiten in einer Organisation sind. Sie kommen aber nur dann zum Tragen, wenn das Teamumfeld und die organisatorischen Rahmenbedingungen es zulassen.

Der organisatorische Rahmen stellt in vielen Unternehmen einen Engpass dar, z. B. durch striktes Hierarchie- und Kontrolldenken, was dazu führt, dass bestehende Mitarbeiterpotenziale nicht optimal genutzt werden. Dasselbe gilt für striktes Festhalten an Regeln agiler Zusammenarbeitsmethoden. Agiles Arbeiten in der Gruppe garantiert zudem nicht günstige Kommunikationsstrukturen zwischen verschiedenen Gruppen, was das Gesamtpotenzial einschränkt. Und natürlich führt akuter Fachkräftemangel selbst bei ansonsten optimalen Voraussetzungen zu Leistungsdefiziten.

Forschungsergebnisse hinter diesem Modell zeigen, dass Organisationskompetenzen, die die Arbeitsgruppe um Uta Wilkens an der Ruhr-Universität Bochum auch als Kombinations- und Koordinationsfähigkeiten bezeichnet, maßgeblich für Innovations- und Geschäftserfolg sind.[21] Auf der Teamebene kommt es vor allem darauf an, unterschiedliche Erfahrungen und Kompetenzen zu erkennen und im Sinne des Unternehmens zu nutzen. Individuelle Kompetenzen üben keinen

---

[21] Vgl. Wilkens et al. (2004); Innovationserfolg = Selbstauskunft der Teams, wie viele Produkt- und Prozessinnovationen erfolgreich umgesetzt werden konnten; Geschäftserfolg = Unternehmenswachstum und Rentabilität über fünf Jahre.

direkten Einfluss auf Innovations- und Geschäftserfolg aus, sondern nur in Wechselwirkung mit Arbeitsbedingungen im Team und den organisatorischen Rahmenbedingungen.

1.3.2 Schlank, agil und beidhändig

Nun ist die Frage, wie die „organisatorische Fitness" fit hin zu einem hohen Team- und Individualfokus trainiert werden kann, um zu den innovationsstarken Unternehmen zu gehören. Drei Wege sind derzeit im Management besonders beliebt:

1. Lean Management, um eine hohe Produktivität, reibungslose Abläufe und kontinuierliche Verbesserungen zu gewährleisten.
2. Hohe Agilität, oft in Verbindung mit neuen, flexiblen Arbeitsformen (Stichwort: New Work).
3. Ambidextrie, was „Beidhändigkeit" bedeutet, um die Vorteile von Lean Management und Agilität verbinden zu können.

Doch alle drei Ansätze führen nicht zu mehr Innovationskraft, wie wir im Folgenden zeigen werden.

> Lean-Management setzt auf Stabilität, die es so nicht gibt.

Viele Unternehmen stehen unter hohem Kosten- und Wettbewerbsdruck und das Management reagiert darauf, indem es „Lean Management" bzw. Elemente daraus einführt. Oft stehen dabei reibungslose Abläufe, die Einsparung von Ressourcen und das Vermeiden von Verschwendung – auch von Arbeitszeit – im Vordergrund. Durch einen kontinuierlichen Verbesserungsprozess entstehen dann hoch effiziente Prozesse und Wertschöpfungsketten. Und schon hat man unausweichlich zwei Probleme:

1. Extrem effiziente Systeme werden tendenziell immer unflexibler und störanfällig.
2. Je besser und performanter das bestehende System ist, desto aufwendiger werden tiefgreifende Änderungen.

Oft hört man Manager sagen: „Wir führen bei uns Lean ein", wenn sie „Lean-Projekte" starten. Schon das offenbart ein Missverständnis, was Lean Management eigentlich bewirken soll und wo seine Grenzen liegen. Denn: „Lean" ist kein Projekt, sondern eher eine Art Betriebssystem des Unternehmens. Die Aussage von Toyota, die ihren Ansatz des Lean Managements beschreibt, macht das deutlich:

> „Wir bauen keine Autos, wir entwickeln Menschen, die Autos bauen."
> *Motto von Toyota zum Toyota Produktionssystem (TPS)*

Der Beginn von „Lean Management" liegt im Wiederaufbau der japanischen Wirtschaft nach dem zweiten Weltkrieg, den der US-amerikanische Qualitätsexperte W. Edwards Deming durch Einführung des sogenannten „Deming-Zyklus" (Plan-Do-Check-Act, PDCA) nach Konzepten von Walter Shewhart unterstützte. Dazu gehörte ein Programm der US-Regierung für eine umfassende betriebliche Bildung (Training within Industry), das ursprünglich zur Verbesserung der Kriegsproduktion in den USA entwickelt wurde.

In der aufstrebenden japanischen Autoindustrie wurde das Konzept weiterentwickelt. Insbesondere Toyota feierte enorme Erfolge mit der Einführung seines „Toyota Production System" (TPS). Den Namen „Lean Production System" erhielt es erst, als in den USA die japanische Weiterentwicklung aufgegriffen wurde und John Krafcik 1988 im Sloan Management Review einen weltweiten Produktivitätsvergleich für Automobilhersteller veröffentlichte unter dem Titel „Triumph Of The Lean Production System".[22] Krafcik ging es beim Lean Management vor allem um Respekt für die Mitarbeitenden und den Fokus aller auf kontinuierliche Verbesserung, gleichzeitige Entwicklung von Produktions- und Managementprozessen sowie Verbesserung der Arbeitskultur. Die weitere Entwicklung hat dann aber Tools wie Kanban und Standards wie „Six Sigma" hervorgebracht, die diese Prinzipien nicht mehr verfolgen. Lean-Production-Systeme bieten Kostenvorteile gegenüber

---

[22] Vgl. Krafcik (1988).

Wettbewerbern, wenn das Umfeld über eine längere Zeit stabil bleibt, den meisten Studien zufolge mindestens fünf Jahre Stabilität.[23]

Das ist ein Problem, weil die meisten Unternehmen eine so lange Phase relativer Stabilität nicht mehr haben. Größere Unternehmen reagieren darauf, indem sie sich ihre eigenen, stabilen Umgebungen schaffen – und zwar durch eine enorme Marktkonzentration. Roger Martin von der Managementschule der Universität Toronto zeigte in einem viel beachteten Artikel im Harvard Business Review, dass in den letzten 15 Jahren eine beispiellose Konzentration vor allem in den Bereichen IT und Finanzen stattgefunden hat.[24] 1990 verdienten z. B. die Top 100 börsennotierten Firmen der US-Industrie nicht einmal 50 % aller Erträge, die Marktkapitalisierung lag bei 3,1 Billionen US-Dollar. Heute liegt die Marktkapitalisierung bei fast 41 Billionen US-Dollar, Unternehmen wie Microsoft und Apple haben allein schon Marktwert von jeweils rund 3 Billionen US-Dollar. Die größten Tech-Unternehmen Apple, Amazon, Alphabet, Meta, Microsoft, Nvidia und Tesla – genannt die Magnificent 7 – verfügen über einen Marktwert von 13 Billionen US-Dollar (Anfang 2024) – fast ein Drittel des gesamten Börsenwerts.

Die Folge ist, dass Monokulturen übermächtiger Unternehmen entstanden sind. Allein Microsoft hat in seiner Firmengeschichte mehr als 220 Unternehmen und deren Patente aufgekauft. Google meldete im Jahr 2003 gerade einmal 4 Patente an,[25] heute sind es 10 pro Tag. Insgesamt verfügt der Mutterkonzern Alphabet über rund 70.000 Patente weltweit,[26] davon rund ein Zehntel von anderen Firmen zugekauft. Dadurch wird nicht nur die Widerstands- und Überlebensfähigkeit kleinerer Firmen, sondern die ganzer Branchen und Volkswirtschaften bedroht. Denn diese können sich ihr Innovationsumfeld nicht einfach kaufen. Daher entwickeln sie hoch effiziente Lieferketten und optimieren Logistik- und Produktionsprozesse. Nicht zuletzt die Corona-Pandemie und die Folgen des Angriffs Russlands auf die

---

[23] Vlg. Lee & Xia (2010).
[24] Vgl. Martin (2019).
[25] Vgl. Regalado (2013).
[26] Zahlen nach Insights by GreyB (2023).

Ukraine haben gezeigt, wie anfällig der Fokus auf Größe und Effizienz deutsche Unternehmen und die ganze Volkswirtschaft gemacht hat.

Das Bestreben, immer effizienter zu werden, hat aber für Unternehmen noch einen weiteren, schwerwiegenden Nachteil: Die Kosten für Veränderungen steigen, je effizienter ein System ist. Das hat vor allem zwei Gründe. Zum einen gehen substanzielle Verbesserungen zunächst stets mit einem Einbruch der Performanz einher („Improvement paradox"[27]), weil Ressourcen für die Veränderung bereitgestellt und neue Prozesse erlernt werden müssen. Zum anderen werden gut funktionierende Systeme durch bislang unerprobte, risikoreiche Neuerungen ersetzt, deren Erfolg alles andere als sicher sind. Der durch seine Innovationstheorien bekannt gewordene frühere BCG-Berater und Harvard-Professor Clayton Christensen hat dafür 1995 den Begriff „disruptive Innovation"[28] geprägt. Die Arbeiten von Christensen werden uns gleich noch einmal beschäftigen. Hier genügt es festzuhalten, dass vor allem ein standardisiertes, schablonenhaftes Lean Management zu höherer Anfälligkeit einerseits und eine geringere Resilienz und Veränderungsfähigkeit andererseits führt.

Da scheint es doch gut und sinnvoll, sich ganz auf Flexibilität und Beweglichkeit, also auf Agilität, zu konzentrieren.

> **Agilität garantiert keinen Erfolg.**

Unternehmen wenden sich agilen Arbeitsmethoden und Organisationsstrukturen zu, weil sie wandlungsfähig sein, schnell auf Veränderungen reagieren oder diesen sogar zuvorkommen wollen. In Zeiten permanenten Wandels wird eine agile Organisation für immer mehr Managerinnen und Manager zum Ziel. Doch nicht immer werden die damit verbundenen Hoffnungen erfüllt. Untersuchungen zeigen, dass Agilität Vorteile hat, wenn es um schnelle Produktionsanpassungen, Verbesserungen der Kundenbeziehung oder Einführung neuer Produkte und Prozesse geht. Keine Vorteile aber bietet Agilität bei der Sicherung dau-

---

[27] Vgl. Keating et al. (1999).
[28] Vgl. Bower & Christensen (1995); Christensen et al. (2015).

erhafter Produktionsqualität, Erhalt einer großen Produktpalette und umfassender Automatisierung. Agilität ist vor allem kurz- und mittelfristig vorteilhaft, wenn es zu häufigen Anpassungen und Neuerungen kommt. Lean Management ist durch seinen Fokus auf Ressourceneffizienz langfristig günstiger, wenn ein großes Produkt- oder Dienstleistungsportfolio in hoher Qualität angeboten werden soll.[29]

Agile Arbeitsformen garantieren aber auch kurz- und mittelfristig keineswegs den Erfolg, sondern können Stress und Belastung auslösen und die Leistungsfähigkeit von Teams und Einzelpersonen verringern. Maria Carmela Annosi, Managementprofessorin an der Wageningen University in den Niederlanden, führte mit ihrem Team zahlreiche Studien mit agilen Entwicklungsteams in der IT- und Lebensmittelindustrie durch.[30] Dabei stießen sie auf Mechanismen, die sie als „dunkle Seite der Agilität" bezeichneten: Zeitdruck sowie strenge Kontroll- und Rückmelderegeln innerhalb agiler Teams wirken sich mit der Zeit immer negativer auf die Lern- und Innovationsfähigkeit der gesamten Organisation aus.

In der weit verbreiteten agilen Arbeitsmethode „SCRUM" gibt es beispielsweise einen Ziel- und Vorgabenkatalog, Product Backlog genannt, in dem festgelegt ist, welche Ergebnisse das Team erzielen soll und woran der Erfolg gemessen wird (Definition of Done, DoD). Teams können daher kaum Zeit auf Aktivitäten außerhalb dieser Definitionen verwenden und sind in den vorgesehenen kurzen Zeitabschnitten, den „Sprints", ausschließlich auf die Erreichung der Ziele ausgerichtet. Für sinnvolle und notwendige Änderungen, Klärung von Zielsetzungen oder auch von Fragen zur Zusammensetzung und Zusammenarbeit im Team gibt es keine Zeitpuffer, sondern nur die Möglichkeit formaler Eingriffe, etwa durch den zielsetzenden „Product Owner" oder den prozessordnenden „Scrum Master". Das setzt sich in den Bewertungen des Managements fort, die auf das Einhalten von Fristen und Ressourcenverbrauch ausgerichtet sind (sog. „Burn Down Rate"). Freiräume für Lernen und Innovation geraten aus dem Blick,

---

[29] Vgl. Katayama & Bennet (1999).
[30] Vgl. Annosi et al. (2016); Annosi et al. (2020a); Annosi et al. (2020b).

weil sie nicht genau befristet und planbar sind. Agiles Arbeiten geht mit kurzen, direkten Rückmeldeschleifen, z. B. einer täglichen kurzen Rückmelderunde, „Daily", und anderen formalisierten Reflektionsrunden, z. B. „Retrospektiven", einher. Diese üben einen hohen Leistungsdruck aus, weil dadurch oft nicht nur konkrete Arbeitsergebnisse infrage gestellt werden, sondern auch persönliche Beiträge zur Teamarbeit oder die Einstellung der Mitarbeitenden zur Arbeit (Fußnote/Referenz Hasebrook & Rodde, 2021).

Teams berichten uns immer wieder, dass sie nicht nur unter Zeitdruck leiden, sondern vor allem Schwierigkeiten dabei haben, ihre Tätigkeit ins große Ganze einzuordnen. Durch die inhaltliche und zeitliche Aufsplittung der Arbeiten in „Products" und „Sprints" verlieren die Einzelnen den Überblick und das Gefühl für den Sinn ihrer Tätigkeiten. Ein Geschäftsführer berichtete uns nach Einführen agiler Arbeitsmethoden im gesamten Unternehmen, dass der Tätigkeitsfokus nun so stark auf der schnellen Entwicklung neuer Produkte und Services liege, dass ein sicherer Betrieb und die Verbesserung des Bestehenden darunter litten. Durch die Vielzahl an neuen Ideen, Projekten und Initiativen seien Gesamtsteuerung und Risikoabschätzung kaum noch möglich.

Agilität hat nicht nur psychologisch eine „dunkle Seite", sondern auch organisatorisch. Durch agile Zusammenarbeit steigt die Zahl der genutzten Systeme und der darin gespeicherten, zumeist unstrukturierten Daten enorm an, z. B. verschiedene Kanäle für die Online-Kommunikation innerhalb und zwischen Teams. In dieser Datenflut gehen tiefergehende Erkenntnisse und wichtige Alarmsignale einfach unter. Die Teams sind vor allem bemüht, alles irgendwie am Laufen zu halten.

Im vielfach kopierten agilen Organisationsmodell des US-Streamingdienstes „Spotify" gibt es kleine Teams (Squads = Kampfgruppe), die von „Product Ownern" angeleitet werden; Squads mit ähnlichen Aufgaben werden zu Tribes (= Volksstamm) zusammengefasst, die je nach Aufgabenstellung Querschnittsgruppen bilden („Chapter" = Kapitel wie in Klosterkapitel), den Aufgaben nach ähnliche Tribes bilden „Guilds" (= Gilden). Tribes und Guilds haben wiederum eigene Führungspositionen. Die meisten Mitarbeitenden und auch die meisten Führungskräfte verlieren bei so vielen Verantwortlichkeiten und Zuständigkeiten schlicht den Überblick.

So kommen sowohl Lean- als auch agile Managementkonzepte an ihre Grenzen. Da wäre es doch schön, wenn man das Beste aus beiden Welten verbinden könnten – eine Art „doppeltes Betriebssystem", das sowohl hoch effizient als auch agil und anpassungsfähig ist.

> Performanz und Innovation gleichzeitig funktioniert nicht.

Gut 80 % der Menschen sind Rechtshänder, etwa 20 % Linkshänder und weniger als 10 % beidhändig. Vor fast 50 Jahren nutzte der US-Managementprofessor Robert Duncan den Begriff „Beidhändigkeit" (Ambidextrie) für Unternehmen, die zugleich innovativ als auch flexibel sein sollten.[31] Etwa 30 Jahre später, nach der Jahrtausendwende, kam der Begriff im Management erst so richtig in Mode, weil klar wurde, dass Unternehmen sowohl Bestehendes optimal nutzen als auch fortlaufend Neues entwickeln müssen.[32] Populär wurde die Idee der Ambidextrie durch den bereits erwähnten Clayton Christensen und sein Modell der disruptiven Innovation. Laut Christensen ergibt sich nämlich daraus das Dilemma, sowohl effizient das bestehende Produkt- und Dienstleistungsportfolio zu verbessern und voll auszuschöpfen als auch eben diesen Bestand durch Suche nach disruptiven Innovationen zu ersetzen.[33] Das bedeutet zum einen durch Verbesserung und Effizienzsteigerung bestehende Prozesse und Produkte kontinuierlich zu verbessen (= Exploitation/Ausschöpfen) und zum anderen durch Experimentieren und flexibles Handeln neue Produkte, Märkte und Geschäftsfelder zu erschließen (= Exploration/Erkunden).[34]

Das heißt nichts weniger, als dass ein Unternehmen sich gleichzeitig fortlaufend verbessern und zugleich infrage stellen und ersetzen sollte. Ob und wie das möglich ist, wird in der Forschung[35] diskutiert: Viele Studien haben gezeigt, dass ein statisches Verständnis, dass also sozusagen die linke Hand Innovation und die rechte Performanz fördert, nicht

---

[31] Vgl. Duncan (1976).
[32] Vgl. O'Reilly & Tushman (2008).
[33] Vgl. Christensen (1997).
[34] Vgl. Drejer et al. (2004).
[35] Vgl. Tarba et al. (2020).

funktioniert. Es geht vielmehr um eine Abfolge von unterschiedlichen Phasen oder Stufen der Anpassung an äußere Umstände, wenn z. B. Kundenwünsche und Marktbedingungen sich ändern. Und nichts ist besser geeignet, sich diese Art Anpassungsfähigkeit anzusehen als eine veritable Krise wie die Corona-Pandemie. Daher sind wir während der Pandemie in einer Studie der Frage nachgegangen: Können Führungskräfte gleichzeitig das Bestehende verbessern und es zugleich durch Neuerungen ersetzen wollen?

Unsere Studie „Führung in Zeiten der Pandemie"[36] von Management Analytics untersuchte die individuelle und die Teambelastung von Mitarbeitenden vor und während der Coronakrise. Dazu wurden knapp 200 Personen aus unterschiedlichen Unternehmen anonym nach ihren Einschätzungen befragt. Untersucht wurde der Einfluss von Belastung und Führung auf Motivation, Teamerfolg und Innovation. Im Durchschnitt stieg die Arbeitsbelastung in allen untersuchten Dimensionen sowohl individuell als auch im Team. Nur die individuelle Belastung durch die Nutzung neuer IT-Werkzeuge für Kommunikation und Zusammenarbeit sank im Laufe der Pandemie durch zunehmende Erfahrung im Umgang damit.

Interessant wird es, wenn man sich anschaut, wie sich Unternehmen unterscheiden, bei denen die Belastung nicht nur ansteigt, sondern teils sogar abnimmt: 51 % der Befragten gaben an, dass sowohl die individuelle Anstrengung als auch die im Team anstieg. Bei 13 % blieb die individuelle Anstrengung hoch, aber die Teambelastung sank.

		Teambelastung	
		geringer (= 21%)	höher (= 79%)
Individuelle Anstrengung	geringer (= 36%)	13%	51%
	höher (= 64%)	8%	28%

Nur diese beiden Gruppen, jeweils mit hohem individuellem Einsatz (nur einmal mit gestiegener und einmal mit gesunkener Teambelastung) zeigten hohe Erfolgswerte. Den Erfolgswert hatten wir aus einer

---

[36] Vgl. Hasebrook et al. (2021a).

1 Innovation – Anzeichen eines strukturellen Kraftmangels?

gewichteten Kombination der Selbst-, Fremd- und Führungsbewertung errechnet, in die als Faktoren „Innovation", „Kundennähe", „Motivation", „Arbeitsklima", „Beteiligung" und „Lernen" eingingen.

Schaut man sich diese Faktoren getrennt an, so stellt man fest, dass doppelt Belastete zwar gut, aber dennoch in den meisten Faktoren deutlich schlechter abschneiden als die Gruppe, die sich individuell anstrengte, jedoch im Team entlastet fühlte (siehe Abb. 1.5). Individuelle Anstrengung und gut funktionierende, entlastende Teams ragten insbesondere bei Performanz und Beteiligung heraus. Motivation und Innovation hingegen sind weit von ausreichend guten Werten entfernt – und die Kundenorientierung ging bei aller Anstrengung in der Krise sogar zurück.

> Die Innovationsleistung sank während der Pandemie signifikant, trotz erhöhter Anstrengung im Team und auf Individualebene.

An diesem Ergebnis hatten aber keinesfalls die Führungskräfte Schuld, denn diese erhielten von ihren Mitarbeitenden durchweg gute und

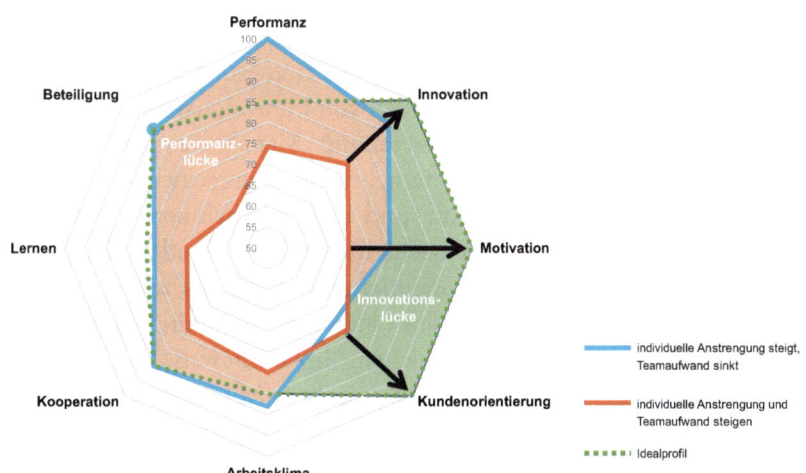

Abb. 1.5 Auswirkung von doppelter Belastung (individuell und im Team = orange Linie) sowie individueller Anstrengung in entlasteten Teams (blaue Linie) im Vergleich zum Idealverlauf (gestrichelte grüne Linie). (Eigene Abbildung nach Hasebrook et al. (2021a), S. 24)

sehr gute Bewertungen. Führungskräfte engagierten sich in der Krise, agierten aber weiter in der herkömmlichen Führungslogik. Der meiste Führungsaufwand floss in die individuelle Unterstützung und die Koordination im Team. Innovationsarbeit und eine Verbesserung der Teamarbeit konnten dagegen nicht forciert werden. Ganz im Gegenteil: Selbst zuvor gut funktionierende Teams fielen in wesentlichen Kategorien zurück.

> Führung nahm in der Krise keinen positiven Einfluss auf den Innovationserfolg.

Warum das auch nach der Coronakrise von Relevanz ist? Weil die Untersuchung zur Innovationskraft vor und während der Pandemie belegt, dass vermeintliche Stellhebel wie Führung oder Leistungsbereitschaft weniger oder keinen direkten Einfluss auf Innovation nehmen. Das steht im Gegensatz zur allgemeinen Annahme, die im Unternehmensmanagement vorherrscht. Die eigentliche Aufgabe von Führung ist es, die Leistungsfähigkeit der Mitarbeitenden und der Organisation dauerhaft sicherzustellen. Die Steuerung hilft dabei auf Zielkurs zu bleiben und das Management wiederum stellt passende Instrumente und eine Prozessumgebung bereit. Management und Steuerung sind aber keineswegs deckungsgleich mit den Aufgaben von Führung (siehe Abb. 1.6).

Um den Zusammenhang von Steuerung, Management und Führung mit der Innovationskraft eines Unternehmens zu untersuchen, haben wir in einer Studie Führungskräfte von rund 110 Unternehmen mithilfe eines standardisierten Fragebogens[37] nach Innovation, Kundenorientierung, Führungsarbeit und Mitarbeiterorientierung befragt. Es zeigte sich, dass rund 60 % zustimmen, dass ihr Unternehmen eine hohe Kundenorientierung aufweist, aber nur 40 % sehen eine hohe Innovationsorientierung. Die Hälfte der Führungskräfte sagt, dass sie ihren Mitarbeitenden vertraut, aber nur 30 % binden sie bei Entscheidungen auch aktiv ein. Unternehmen, die die Führungskräfte als „kooperativ" bezeichnen, sind in ihrer Kunden- und Innovationsorientierung um 20 % besser als Unternehmen, in denen eher „Einzelkämpfertum" oder sogar Konflikte vorherrschen.

---

[37] In Anlehnung an Jöns et al. (2006), Hasebrook et al., 2021b

1 Innovation – Anzeichen eines strukturellen Kraftmangels?

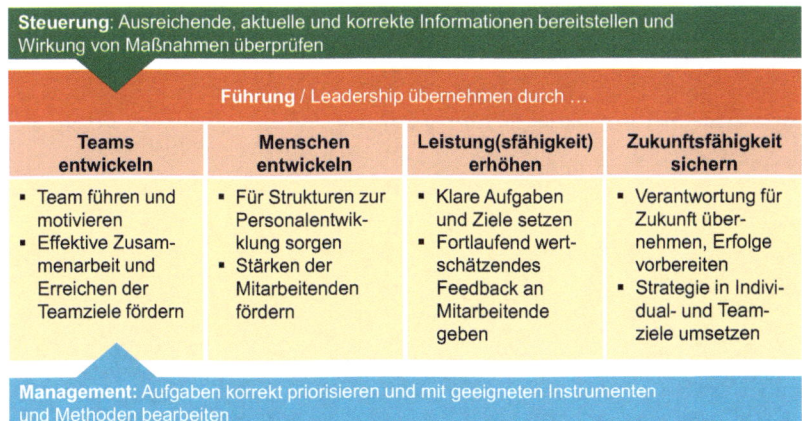

Abb. 1.6 Unterscheidung von Steuerung, Management und Führung sowie Führungsaufgaben. (Eigene Abbildung nach Hackl & Hasebrook (2014))

Dies legt den Schluss nahe, dass vor allem eine auf Beteiligung und Kooperation ausgerichtete Führung den wichtigsten Beitrag zur Innovationsorientierung leistet. Aber so ist es nicht: Die Unternehmensstrategie und ihre Vorgaben wirken viel stärker auf die Führungsarbeit als die Führungskräfte auf den strategisch vorgegebenen Rahmen. Führung passiert dann, wenn vom Top-Management Agilität und New Work ausgerufen werden, es aber eigentlich um Einsparungen bei Personalstärke und Bürofläche geht. Führung geschieht auch dann, wenn besonders erfolgreiche Mitarbeitende herausgestellt und hohe Einzelboni gezahlt werden und dadurch gemeinsames Lernen und Erarbeiten von Erfolgen im Team untergraben wird.

> Führung ist nicht, was eine Führungskraft mit Mitarbeitenden unternimmt, sondern das, was in einem Unternehmen geschieht.

Wie eingangs bereits festgestellt, sind weniger als 10 % der Menschen wirklich beidhändig – und im Management ist es auch nicht anders: Nur eine kleine Minderheit der Verantwortlichen ist in der Lage, eine Balance zwischen Performanz und Innovation zu finden. Das Problem

> **These 4.**
> **Innovationskraft braucht organisatorische Bewegungsfreiheit und kein Best-Practice-Korsett.**

liegt aber eigentlich gar nicht bei den Führungskräften, die nicht mit der rechten Hand Bestehendes verbessern und mit der linken Hand dasselbe durch Innovation ersetzen wollen. Das Problem ist, dass eine ZDarum geht es in Abschn. 1.4.

1.4 Irrtum 3: Es gibt eine ideale Organisationsform für Innovation

Das Thema der Organisationsform hat lange die Diskussion im Management beherrscht: Linien- oder Matrixorganisation? Ausrichten an Produkten oder Marktsegmenten? Oder gleich ganz auf feste Organisationsstrukturen verzichten und alle Führungskräfte entlassen? Gerade in letzter Zeit kündigen viele Unternehmen in Deutschland einen Stellenabbau insbesondere zu Lasten von Führungskräften an.[38]

So richtig neu ist die Idee nicht: Schon 2011 erregte der US-Ökonom Gary Hamel mit einem Artikel im Harvard Business Review Aufsehen,[39] in dem er forderte: „First, let's fire all the managers" (Lasst uns zuerst alle Manager feuern). Es scheint so, als würden viele deutsche Unternehmen diesen Rat nun annehmen. Hamel plädiert für eine starke Selbstorganisation, in der Teams (sic!) die Verantwortung für ihre Zielerreichung übernehmen und sich untereinander abstimmen.

Nach einigen Jahren des Ausprobierens und ersten belastbaren Längsschnittuntersuchungen[40] zeigt sich folgendes: Ein funktionierendes Top-Management ist zur Ausrichtung des Unternehmens unerlässlich. Ebenso wie Mitarbeitende, die zielgerichtete Veränderung ermöglichen und sicherstellen. Diese Mitarbeitenden könnte man auch einfach „Führungskräfte" nennen. Was aber nicht gebraucht wird, ist das klassische mittlere Management, das im Wesentlichen langwierige bürokratische Entscheidungswege produziert[41] und eine Führungskarriere gerade für jüngere Mitarbeitende unattraktiv macht.[42]

Aber all das Ringen um die richtige Art der Organisation, das stark durch die Verteidigung von Führungspositionen und Sicherung von Macht und Einfluss geprägt ist, erklärt nicht, ob es denn nun eine ideale Organisationsform für Innovation gibt und wie sie aussieht? Die Antworten auf diese offene Frage sind verblüffend vielfältig und vage – egal, ob sie nun aus der Praxis oder aus der Wissenschaft kommen.[43] Einmal hilft Selbstorganisation, dann wieder nicht. Einmal ist vor allem Effizienz wichtig, dann wieder hinderlich. Das Durcheinander hat einen guten Grund: Es gibt keine ideale Organisationsform für eine hohe Innovationskraft.

---

[38] Vgl. aktuelle Artikel in Wirtschaftsmagazinen, z. B. von Zepelin & Dunkel (2024) oder Sackmann (2024).

[39] Vgl. Hamel (2011).

[40] Vgl. Jones et al. (2010); Kaltenecker (2018); Knez & Simester (2001); Kruse et al. (2010).

[41] Vgl Martela et al. (2022).

[42] Vgl. aktuelle Artikel in Wirtschaftsmagazinen, z. B. Müller (2024); Werner (2024).

[43] Vgl. Dong et al. (2023); Othman & Hussein (2023); Alpana et al. (2023)

1 Innovation – Anzeichen eines strukturellen Kraftmangels?

> Performanz auf der einen und Innovation auf der anderen Seite stehen im Widerstreit.

Wenn ein Unternehmen effizient ist, dann führt es bestehende Prozesse fort, entwickelt sie weiter, verbessert sie, stabilisiert und optimiert den Status quo, bleibt vorhersehbar. Wenn ein Unternehmen innovativ ist, dann verändert es sich zumindest in einigen Bereichen tiefgreifend, entwickelt sich in Sprüngen, wechselt vielleicht sogar abrupt die Richtung und operiert im Unvorhersehbaren und damit auch Unplanbaren.

Ersteres ermöglicht Performanz und kommt einem Dauerlauf gleich. Letzteres treibt Innovation voran und vollzieht sich in unregelmäßigen Schüben oder Sprüngen, die – um im Bild zu bleiben – entweder schnellen Sprints oder Hindernisläufen im Gelände gleichen. Der Versuch von Unternehmen, beides gleichzeitig zu forcieren, ist zum Scheitern verurteilt. Man könnte auch sagen, dass Unternehmensorganisationen und ihre Beschäftigten im ständigen Wechsel zwischen gut organisiertem und trainiertem Marathon auf der einen und unerwarteten Sprints und Geländeläufen auf der anderen Seite zerrieben werden. Dass die Organisationsform selbst das Problem nicht löst, war selbst den „Vätern" des Lean Managements klar, wie ein Zitat zum Toyota Produktionssystem belegt:

> **Das System von Toyota ist nicht, Ergebnisse durch harte Arbeit zu erzielen. Es ist ein System, das sagt, dass es keine Grenzen für die Kreativität der Menschen gibt.**
> *Taiichi Ohno („Vater" des Toyota Produktionssystems)*

Erkenntnisse aus zahlreichen Studien und Forschungsprojekten zeigen, dass ein neuer Ansatz für Innovationsproduktion nötig ist. Clayton Christensen beschrieb es als „Innovationsdilemma", dass gerade erfolgreiche Unternehmen die konsequente Nutzung ihrer Produkte und Services vorantreiben (Exploitation), und damit die Suche nach neuen Ansätzen vernachlässigen (Exploration) und zu spät bewährte Produkte und Services durch innovativere ersetzen. Innovative und zugleich performante Unternehmen müssen demnach nur darauf achten, dass sie

Bewährtes, ihre „Cash Cows", umfassend nutzen und die damit gewonnenen Ressourcen in ausreichend Forschung und Entwicklung für vielversprechende Innovationen stecken: Exploitation ermöglicht Exploration – und nach Exploration muss Exploitation folgen, wenn aus den neuen Ideen und Erkenntnissen Innovationen werden sollen.[44]

1.4.1 Performant und innovativ durch Oszillation

Das Idealbild einer innovationsförderlichen Organisation ist keine bestimmte Struktur, sondern deren beständiger Wandel durch Oszillation, also das Schwingen zwischen verschiedenen Organisationszuständen. Der Begriff „Oszillation" wird in unterschiedlichen wissenschaftlichen Disziplinen verwendet, etwa in der Mathematik, in der Physik oder auch in der Biologie. Vereinfacht ausgedrückt ist damit eine Schwingung oder regelmäßige Schwankung um einen Nullpunkt gemeint. Der gedankliche Ansatz, der diesem Buch zugrunde liegt, basiert auf einer ähnlichen Vorstellung. Bildlich kann man sich dazu ein Pendel vorstellen, das sich entweder im Ruhemodus befindet (Zustand mit geringer oder gar keiner Oszillation) oder mehr oder weniger stark ausschlägt (Zustand mit hoher Oszillation).

Im Ruhezustand laufen Unternehmensprozesse nach definierten organisatorischen Mustern ab, sind stetig und dem Ziel der Produktivitätssteigerung verschrieben. Vorhandene Routinen bestimmen die einzelnen Abläufe. Entscheidungsprozesse innerhalb der Organisation sind klar und im Ergebnis vorhersehbar. Es herrscht eine Phase hoher Performanz und geringer Oszillation vor. Bei hoher Oszillation sind starke Abweichungen von der prozessualen Norm festzustellen. Festgelegte organisatorische Muster werden bewusst hinterfragt und durchbrochen. Abläufe werden dadurch verändert, erneuert, sind nicht oder nur wenig vorhersehbar und bleiben oftmals ergebnisoffen. Es herrscht eine Phase hoher Kreativität und hoher Oszillation vor (vgl. Abb. 1.7).

Neuere Forschung des Massachusetts Institute of Technology (MIT) – allen voran der Leiter des Center for Collective Intelligence, Peter

---

[44]Vgl. Drejer et al. (2004).

1 Innovation – Anzeichen eines strukturellen Kraftmangels?

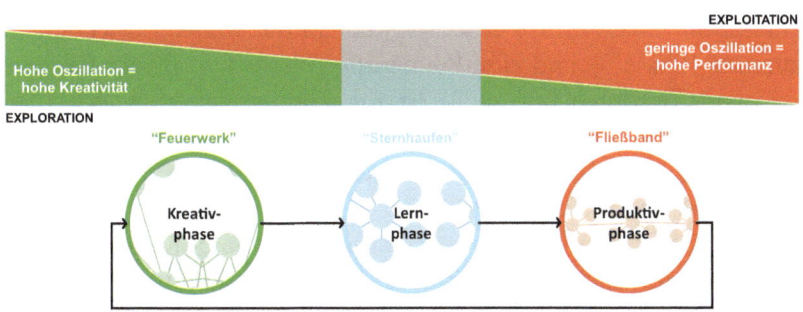

Abb. 1.7 Unterschiedliche Phasen der Oszillation im Spannungsfeld zwischen Innovation und Performanz. (Eigene Abbildung nach Christensen (1997); Gloor et al. (2008); Wen et a. (2018); Song et al. (2019))

Gloor,[45] sowie Alex Pentland[46] von MIT Sloan – hat gezeigt, dass Innovation und Performanz in Unternehmen keineswegs so einfach zu vereinbaren sind, wie es zunächst scheint. In ihrer Forschung haben sie sehr genau untersucht, wie Menschen und Gruppen in Organisationen interagieren, wenn sie an Innovationen arbeiten, und wann sie besonders performant und produktiv sind. Die Ergebnisse zeigen, dass Innovation und Performanz nicht einfach unterschiedliche Tätigkeiten in ein- und derselben Organisation sind, sondern dass ihnen unterschiedliche Organisationsformen zugrunde liegen:

> Kreativität, Innovation und Performanz entstehen auf ganz unterschiedliche Weise.

Feuerwerk Innovation

Klassische Modelle des Innovationsmanagements spiegeln die Sehnsucht des Managements nach beherrschbaren und kontrollierbaren Prozessen wider: In den frühen Phasen steht die individuelle Kreativität im Vordergrund – bei der Ideengenerierung[47] (Phase 1) und der ersten

---
[45] Vgl. Gloor et al. (2014); Gloor & Giacomelli (2014); Gloor et al. (2008).
[46] Vgl. Barahona & Pentland (2007); Hardjono & Pentland (2020).
[47] Vgl. Dohrn et al. (2010).

Konzeption (Phase 2). Im Team folgt darauf die Weiterentwicklung des Konzepts (Phase 3) und eine Pilotierung (Phase 4, z. B. der Bau eines Prototyps, Testdurchläufe etc.). Ist die Pilotierung erfolgreich, dann übernimmt die Organisation durch die Ausweitung der Pilotierung (z. B. Markt- und Kundenstudien) und geht schließlich in die Produktion und Markteinführung (Phase 5).

So oder ähnlich sehen die Phasenkonzepte der Innovation aus – schön sauber und ordentlich. Nur: So ist Innovation nicht. Es gibt sicher Phasen, in denen Ideen und Pläne geschmiedet werden, dann aber gibt es Rückschläge. Anforderungen, Ressourcen und Kriterien werden geändert, unvorhergesehene Ereignisse stoppen oder beschleunigen den Prozess. Auch die Markteinführung und Produktion von Innovationen ist kompliziert und erfordert den Aufbau komplexer Netzwerke aus Zulieferern, Partnern und Abnehmern. Kurz: Der auf dem Reißbrett ausgedachte saubere Innovationsprozess wird zu einem „Feuerwerksmodell der Innovation".[48]

Nicht nur der Innovationsprozess selbst gleicht einem Feuerwerk, sondern auch die Arbeit in diesem Prozess: Kreativität und daraus entstehende Innovationen beruhen vor allem auf individuellen Beiträgen und deren Weiterentwicklung in Teams, die viel Freiraum und Unterstützung ermöglichen. Diese Teams haben oft keine feste Struktur, sondern wechseln häufig und stehen in vielfältigem Austausch mit externen Personen. Zudem sind besonders kreative Menschen zumeist weniger an ein bestimmtes Team gebunden als an das Unternehmen selbst und agieren gerne quer über Bereichs- und Hierarchiegrenzen hinweg. Die MIT-Forscher beschreiben diesen Zustand als starke Oszillation in wechselnden Teambesetzungen. Die Interaktionen in diesen Kreativphasen erinnern mit ständigem Entstehen und Verändern an ein Feuerwerk, und auch das Innovationsgeschehen selbst ist meist weit davon entfernt, ein einfacher, fortschreitender Prozess zu sein, sondern gleicht durch die Vielzahl an Faktoren, Vor- und Rückschritten eher einem Feuerwerksmodell.

Fließband Performanz

Die Merkmale von hoch performanten Organisationen sind gut untersucht. Ein Beispiel dafür ist eine Metastudie, die Ergebnisse von 290

---

[48] Maschewitz (2011).

Untersuchungen an rund 1500 Unternehmen weltweit zusammenfasst. Die wichtigsten Merkmale lassen sich demnach in 5 Faktoren zusammenfassen[49]:

1. Kontinuierliche Verbesserung (insbesondere ständige Abstimmung und Verbesserungen der Unternehmensprozesse).
2. Offenheit und Handlungsorientierung (z. B. klare Leistungsorientierung und enger Austausch zwischen Führung und Mitarbeiterschaft).
3. Managementqualität (vor allem Vertrauen der Mitarbeiterschaft in das Top-Management und konsequentes Leistungsmanagement).
4. Qualität der Mitarbeiterschaft (Einsatzbereitschaft und Qualifikationsniveau der Mitarbeitenden)
5. Langzeitorientierung (Kundenorientierung und Einbindung von Stakeholdern).

Ganz anders als in der feuerwerk-artigen Kreativphase sieht es in hoch performanten Organisationen aus. Ihre Interaktionen erinnern eher an ein Fließband: Relativ feste Teams arbeiten an oft recht gut beschriebenen Aufgaben. Diese Phase ist weniger vom konkreten individuellen Einsatz geprägt, sondern vom organisatorischen Rahmen, der ausreichend Ressourcen – also Technik, Menschen, Zeit und Geld – zur Verfügung stellt und diese besonders effizient einsetzt und kombiniert. Teams dienen hier als Leistungsbasis mit klar beschriebenen Rollen, Zuständigkeiten und Verhaltensregeln.

In ihrem klassischen Bestseller über die Entwicklung eines Unternehmens zur „High Performance Organization" beschreiben die Managementvordenker Jon Katzenbach und Douglas Smith wie Teams zur Basis hoch performanter Organisationen werden: Teamleistung wird prioritär betrachtet und gegenüber Individualleistung bevorzugt. Hohe Anforderungen werden als Chance zur Teamentwicklung genutzt. Lernen wird als Teil der Leistung bzw. Performanz verstanden.[50]

Insbesondere das Thema Lernen ist entscheidend für die Oszillation einer Organisation zwischen Performanz und Innovation.

---

[49] De Waal (2007).
[50] Vgl. Katzenbach & Smith (1993).

Lernen im Sternhaufen

Eine Organisation kann nicht einfach von der Kreativphase nahtlos in die Produktivphase wechseln, weil die Rolle von Individuum, Team und Organisation in den beiden Phasen völlig andere, z. T. sogar entgegengesetzte sind.

In der Kreativphase steht das Individuum in einem inspirierenden Team im Mittelpunkt, das sowohl Unterstützung und Ermutigung gewährt, aber auch hohe Anforderungen stellt. In der Performanzphase aber steht die Organisation im Vordergrund, und das Team ist mit klar umrissenen Rollen und Aufgaben vor allem eine Organisationseinheit.

> Um Kreativität und Performanz zu vereinen, ist Lernen erforderlich.

Daher ist ein Zwischenphase erforderlich, in der aus kreativem Chaos und sich entwickelnder Innovation tatsächlich eine neue Unternehmensleistung und höhere Performanz entsteht. In dieser Phase, die man als „Lernphase" bezeichnen könnte, werden Ideen in der Organisation intensiv ausgetauscht, weiterentwickelt und Möglichkeiten der effizienten Umsetzung geprüft und eingerichtet.

Die Interaktion in dieser Phase ist zeitlich und räumlich besonders dicht, z. B. durch häufige Meetings und intensivem Informationsaustausch. Ein Bild für diese Phase ist daher ein „Sternhaufen", in dem viele Personen und Gruppen dicht zusammenkommen – um danach in wohlgeordneten Teams die Innovation performant umzusetzen. Die Aufgabe der Teams ist es hier klare Zielvorstellungen und Aufgabenverteilungen zu entwickeln, um produktiv sein zu können.

Diese „Verdichtung" durch Lernen ist eine Frage des Wissensaustauschs innerhalb des Unternehmens. Innovative Firmen sind nicht nur nach innen kommunikativer und flexibler als andere, sondern auch stärker außenorientiert, also enger vernetzt mit dem Markt, ihrer Kundschaft und dem Wettbewerb.[51] Dabei sind solche Unternehmen nicht innovativer, weil sie offen sind, sondern sie sind offen, weil sie in-

---

[51] Sanz-Valle et al. (2011).

novativer sind.[52] Außen- und Innenorientierung, Wissensweitergabe im Unternehmen und externe Netzwerke sind gleich wichtig.

Unsere Forschung zeigt, dass aktive Wissensweitergabe keineswegs so funktioniert, wie das Management es sich meist vorstellt: Nicht die zufriedenen Mitarbeitenden ohne Zeitdruck teilen ihr Wissen besonders engagiert. Vielmehr sind es die Unzufriedenen, die mit hohen Anforderungen konfrontiert sind und sich für die Zielerreichung verantwortlich fühlen. Die Zufriedenheit steigt dann, wenn genügend Skills und Kompetenzen im Team vorhanden sind, um die Herausforderung zu meistern. Damit gehen Mitarbeitende, Teams und Organisation mit einem neuen Lern- und Erfahrungsniveau an die nächste Herausforderung heran.[53]

1.4.2 Fluide Organisation für mehr Innovation

Eine oszillierende Organisation pendelt also bedarfsweise zwischen den verschiedenen Zuständen und konzentriert ihre Ressourcen auf kreativen Freiraum, gemeinsames Lernen oder die performante Abarbeitung einmal geplanter und trainierter Aufgaben. So entsteht ein fließendes Miteinander, eine atmende Organisation. Diese steht einer starren Organisation gegenüber, welche durch fortlaufende scheinbare Verbesserungen der Effizienz immer stärker auf bestimmte Aufgaben und Prozesse ausgerichtet ist.

Es geht hier also nicht um Ambidextrie mit starrer Performanz zur rechten und mit flexibler Innovation zur linken Hand. Es geht um die Begleitung und das Herbeiführen des Wechsels durch Lernen auf individueller und organisationaler Ebene[54]: Wann muss ein Teil des Unternehmens oder die ganze Organisation sich kreativ neu aufstellen, wann das Neue verstehen und trainieren, und wann geht es um effiziente und performante Abarbeitung? Selbstverständlich werden alle Aspekte in einem Unternehmen zeitgleich gebraucht: An einer Stelle wird Neues

---

[52] Hilmarsson et al. (2014).
[53] Hasebrook et al. (2023).
[54] Hasebrook & Maurer (2004).

entdeckt und entwickelt, an anderer Stelle gelernt und wieder woanders bereits erschlossene Potenziale performant ausgeschöpft. Daraus hat sich oft die Vorstellung entwickelt, dass auch im organisationalen Wandel gelten muss: Funktionieren geht vor Innovieren. Aber so einfach ist es nicht.

> Funktionieren geht nicht immer vor Innovieren – nämlich dann nicht, wenn das weitere Funktionieren die Ressourcen für Kreativität und Erneuerung verbraucht oder lähmt.

Auch eine andere Lieblingsvorstellung des Managements steht der Idee der fluiden Organisation entgegen: Das Verbannen von Performanz, Lernen und Innovation in verschiedene Bereiche oder Abteilungen. Wenn Innovation im Innovationlab der Firma stattfindet, Performanz in der Produktion und Lernen im Seminarraum, dann lähmt und vernichtet das die Innovationskraft des Unternehmens.

> Innovation, Performanz und Lernen sind keine Kästchen im Organigramm sondern lebendige Formen der Zusammenarbeit, die immer das ganze Unternehmen betreffen.

Entscheidend für Mitarbeitende, Führungskräfte und Teams ist es, klar zu wissen, welche Anforderungen an sie gestellt werden und wie sie diese bewältigen können. Das Management hat immer den Wunsch nach möglichst geringer Oszillation, weil diese in turbulenten Phasen schlecht kontrollierbar und die Ergebnisse kaum vorhersehbar sind. Daher setzen sie auf möglichst geringe Oszillation, um den Mitarbeitenden und nicht zuletzt sich selbst Sicherheit zu geben. Aber dieser Versuch ist zum Scheitern verurteilt, wenn es um Innovation geht.

Dabei kommt es weniger auf den Managementansatz an, also z. B. die Nutzung von Lean-Management-Werkzeugen wie Kanban Boards oder von agilen Arbeitsformen, wie Sprints und Retrospektiven. Es geht nicht um „Sprints", sondern um „Spirit". Führen in turbulenten Zeiten[55] unterscheidet sich vom Führen in stabilen Zeiten. Hier sind hohe

---

[55] Siehe hierzu auch Mankins & Gottfredson (2022).

Empathie und persönliche Förderung gefragt, kombiniert mit rigoroser Zielverfolgung und Leistungsanforderung. Letztlich bedeutet der Fokus auf Innovation und Erneuerung nicht weniger als den Organisationserfolg und die Zusammenarbeit über alles – auch sich selbst – zu stellen. Und das führt uns nun wieder zurück Abschn. 1.3, in dem es u. a. um den Dreiklang „Organisation-Team-Individuum" (O-T-I) ging (vgl. Abb. 1.3 und 1.4).

Organisations-, Team- und Individualebene (O-T-I) müssen alle drei einbezogen sein, um die Innovationskraft zu stärken. Nicht allein die Organisation mit einem „Innovationslabor", nicht allein Individuen mit Kreativtechniken und -räumen, und auch nicht allein Kreativ- und Entwicklungsteams, die mit großem Abstand zu „Performanzteams" arbeiten. Alle drei Ebenen greifen ineinander. Entscheidend sind die Schnittstellen zwischen ihnen – wie in Abb. 1.8 schematisch dargestellt ist.

Innovation (Exploration) findet primär auf Basis individueller Kreativität statt, die im Team gefördert werden muss oder dort gebremst werden kann. Anders bei Performanz (Exploitation). Hier steht die Organisation mit ihren Prozessen, Strukturen und deren Koordinations- und Kombinationsmechanismen (z. B. Eskalationsprozesse) im Vordergrund.

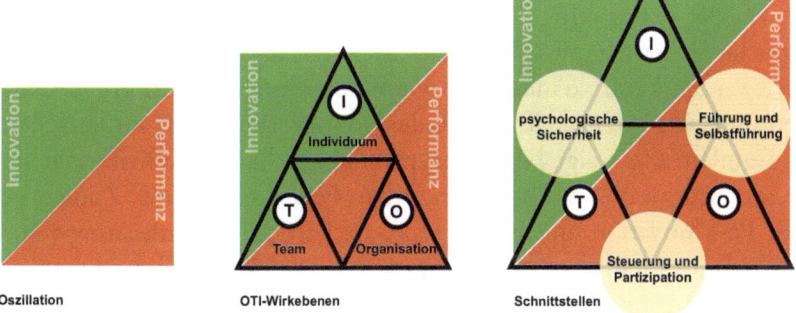

Abb. 1.8 Die Beherrschung der Spannung zwischen Innovation und Performanz gelingt nur durch den Einbezug aller drei Ebenen – Organisation, Team und Individuum (O-T-I) – und die Beherrschung der Schnittstellen zwischen ihnen. (Eigene Abbildung)

Die Keimzelle und das Leistungszentrum des Unternehmens aber ist das Team – sowohl als Quelle der Innovation als auch als Basis für Performanz. Das Team vermittelt zwischen individueller Kreativität und organisationalem Rahmen. Die zentrale Funktionseinheit ist also das Team. Denn nicht die Organisation und auch nicht das Individuum, sondern Teams liefern den größten Innovationsoutput.

Die Schnittstellen zwischen O, T und I sind entscheidend, denn sonst entkoppeln sich die Ebenen: Selbst hoch engagierte und leistungsfähige Individuen tragen nur wenig zum Unternehmenserfolg bei, Teams verstricken sich in Konflikten innerhalb und zwischen den Gruppen und die Organisation ist eher ein Hindernis als eine Unterstützung für Innovation. Es geht also um „Alignment", eine gemeinsame Ausrichtung oder Orientierung an den O-T-I-Ebenen. Es geht darum, individueller Kreativität Raum zu geben und in zielgerichtete Teamarbeit einzubetten, sodass ein hoher Gesamtbeitrag zu Innovation und Performanz auf Unternehmensebene entsteht. Dafür müssen Mitarbeitende in ihren Teams psychologische Sicherheit erleben. Teams müssen sowohl sich selbst führen können als auch anhand von Unternehmenszielen geführt werden. Und Organisationen müssen geeignete Steuerungs- und Partizipationssysteme bereitstellen.

Psychologische Sicherheit[56] bildet die Basis aller Leistung im Unternehmen (siehe auch Abschn. 2.3). Das zeigten die Untersuchungen zur Teamarbeit bei Google eindrucksvoll: Verkaufsteams mit hoher psychologischer Sicherheit hatten eine Zielerreichung von im Schnitt ca. 120 %, Teams mit geringer Sicherheit nur etwa 80 %. Hohe psychologische Sicherheit am Arbeitsplatz bedeutet, dass Kritik gefahrlos geäußert werden kann, keine Angst vor Bloßstellung besteht, große Offenheit und eine Bereitschaft zum Teilen von Informationen vorherrschen.

Teamleistung steigt bei hoher psychologischer Sicherheit, weil man besser lernt, wenn man keine Angst hat, Fehler zu machen. Zudem steigen die Motivation und Leistungsbereitschaft. Die Teamleistung verbessert sich dadurch, dass Diskussionen freier geführt, Informationen und Erfahrungen ausgetauscht und Probleme offen angesprochen werden. Dadurch werden neue Ideen schneller aufgegriffen und ausprobiert. Psychologische Sicherheit führt auch dazu, dass eher Verantwortung

---

[56] Vgl. Edmondson (1999); Edmondson & Lei (2014).

1 Innovation – Anzeichen eines strukturellen Kraftmangels?

übernommen, Fehlerquellen schneller erkannt und ausgeräumt werden. Teammitglieder nehmen bereitwillig eine Aufgaben- und Rollenverteilung an, weil sie sich darauf verlassen können, dass jedes Teammitglied seinen Anteil leistet. Die Abb. 1.9 gibt einen Überblick über den Zusammenhang von psychologischer Sicherheit und Innovationsleistung.

Nicht kreative Individuen sind Treiber der Innovation im Unternehmen, sondern Teams. Deren Innovationskraft lässt sich nicht einfach organisieren oder mithilfe von Managementinstrumenten herbeiführen. Meistens stehen die Maßnahmen des Managements der Innovation sogar im Wege, weil Innovation nicht so geplant, gesteuert und kontrolliert werden kann, wie es das Management gerne will. Schließlich gibt es keine ideale Organisation für mehr Innovation, sondern stattdessen Oszillation: Die flüssige Bewegung zwischen den Polen „Performanz" und „Innovation" mit Lernphasen als notwendige und zentrale Zwischenschritte.

Doch warum genau spielen Teams eine so zentrale Rolle? Und wie sehen hoch innovative und erfolgreiche Teams eigentlich aus? Um Teams als Motor für Innovationen geht es in Kap. 2.

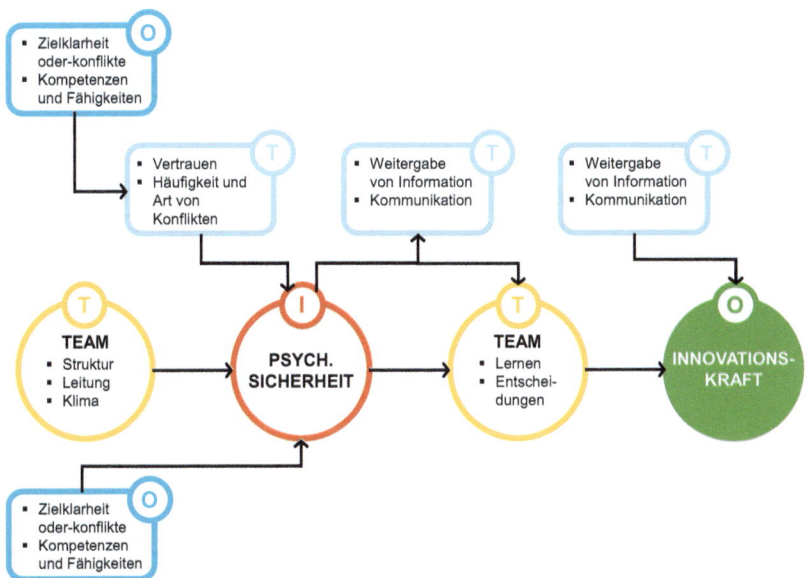

Abb. 1.9 Team als zentrale Leistungseinheit des Unternehmens und seine Leistungstreiber. (Eigene Darstellung nach Hasebrook, Hackl & Rodde (2020), S. 159)

Anhang

**These 5.
Innovationskraft steigert sich nicht in einzelnen Köpfen, sondern zwischen den Menschen.**

Literatur

Annosi, M. C., Magnusson, M., Marini, A. & Appio F. (2016). *Social Conduct, Learning and Innovation: An Abductive Study of Dark Side of Agile Software Development.* Creativity and Innovation Management 25(4), S. 515–535.

Annosi, M. C., Foss, N. J. & Martini, A. (2020a). *When Agile Harms Innovation and Learning (and What Can Be Done About It)*. California Management Review 63(1).
Annosi, M. C., Martini, A., Brunetta, F. & Marchegiani, L. (2020b). *Learning in an Agile Setting: A Multilevel Research Study on the Evolution of Organizational Routines*. Journal of Business Research, 110, S. 554–566.
Alpana, T., Vinay, G. & Kunjana, M. (2023). *Sustainability-Oriented Innovations – Enhancing Factors and Consequences. Corporate Social Responsibility and Environmental Management*. https://doi.org/10.1002/csr.2513. Abgerufen: 01.03.2024.
Barahona, J. C. & Pentland, A. S. (2007). *Advice Networks and Local Diffusion of Technological Innovations*. In: Steinfield, C., Pentland, B. T., Ackerman, M. & Contractor, N. (Hrsg.). Communities and Technologies 2007. Springer, London.
Boschma, R. & Fritsch, M. (2009). *Creative Class and Regional Growth: Empirical Evidence from Seven European Countries*. Economic Geography 85(4), S. 391–423.
Bower, J. L. & Christensen, C. M. (1995). Disruptive Technologies: Catching the Wave. Harard Business Review 73, S. 43–53.
Bundesministerium für Wirtschaft und Technologie BMWi (2011). *Innovationsimpulse der Gesundheitswirtschaft – Auswirkungen auf Krankheitskosten, Wettbewerbsfähigkeit und Beschäftigung*. Dokumentation der Ergebnisse des gleichnamigen Forschungsprojekts im Auftrag des BMWi. https://www.bmwk.de/Redaktion/DE/Publikationen/Wirtschaft/innovationsimpulse-der-gesundheitswirtschaft.pdf?__blob=publicationFile&v=1. Zugegriffen: 29.02.2024.
Bundesverband der deutschen Industrie e. V. (2023). *Innovationsindikator 2023: Deutschland auf Rang 10 von 35 Volkswirtschaften – zu wenig Innovationsdynamik spürbar*. https://bdi.eu/artikel/news/innovationsindikator-2023-deutschland-auf-rang-10-von-35-volkswirtschaften-zu-wenig-innovationsdynamik-spuerbar. Zugegriffen: 04.07.2023.
Christensen, C. M. (1997). *The Innovator's Dilemma: When New Technologies Cause Great Firms to Fail*. Harvard Business School Press, Boston.
Christensen, C. M., Raynor, M. & McDonald, R. (2015). *What ist Disruptive Innovation?* Harvard Business Review 93(12), S. 44–53.
De Waal, A. A. (2007). *The Characteristics of a High Performance Organization*. Business Strategy Series, Vol. 8 No. 3, S. 179–185.

Dohrn, S., Hasebrook, J. & Schmette, M. (2010). *Innovation und Diversity.* In: Barthel, E., Hanft, A. & Hasebrook, J. (Hrsg.). Intergriertes Kompetenzmanagement im Spannungsfeld von Innovation und Routine. Waxmann, Münster, S. 110–129.

Dong, X., Yu, Y. & Zhou, J. (2023). *Integration of Innovation und Operation: The Way Multinational Companies Survive.* In: Cisco, S. 1–32.

Drejer, A., Christensen, K. S. & Ulhøi, J. P. (2004). *Understanding Intrapreneurship by Means of State-of-the-art Knowledge Management and Organisational Learning Theory.* International Journal of Management and Enterprise Development, 1, S. 102–119.

Duncan, R. B. (1976). *The Ambidextrous Organization: Designing Dual Structures for Innovation.* The Management of Organization, 1, S. 167–188.

Edmondson, A. (1999). *Psychological Safety and Learning Behavior in Work Teams.* Administrative Science Quarterly 44(2), S. 350–383.

Edmondson, A. C. & Lei, Z. (2014). Psychological Safety: The History, Renaissance and Future of an Interpersonal Construct. Annual Review of Organisational Psychology and Organisational Behavior, 1, S. 23–43.

Enders Analysis & Bertelsmann (2016). *Europe's Creative Hubs 2016.* https://www.bertelsmann.de/news-und-media/nachrichten/studie-internet-macht-menschen-kreativ.jsp. Zugegriffen: 28.02.2024.

Europäisches Patentamt (2023). *Pressemitteilung vom 28.03.2023.* https://new.epo.org/de/news-events/press-centre/press-release/2023/403558. Zugegriffen: 29.06.2023

Frey, C., Töpfer, G. (2021). *Ambidextrie in Organisationen. Das Praxishandbuch für eine beidhändige Zukunft.* Schäffer-Poeschel, Stuttgart.

Frietsch, R., Rammer, C., Schubert, T., Chavez, C. G., Gruber, S. Maruseva, V., Ostertag, K. & Walz, R. (2023). *Innovationsindikator 2023.* Studienbericht Bundesverband der deutschen Industrie e. V. (BDI) und Roland Berger Holding GmbH & Co. KgaA. https://bdi.eu/artikel/news/innovationsindikator-2023-deutschland-auf-rang-10-von-35-volkswirtschaften-zu-wenig-innovationsdynamik-spuerbar. Zugegriffen: 04.07.2023.

Gloor, P. A., Almozlino, A. Inbar, O. Lo, W. & Provost, S. (2014). *Measuring Team Creativity Through Longitudinal Social Signals.* https://arxiv.org/abs/1407.0440. Abgerufen: 01.03.2024.

Gloor, P. A. & Giacomelli, G. (2014). *Reading Global Clients' Signals.* MIT Sloan Management Review, 55(3), S. 23–29.

Gloor, P. A., Paasivaara, M., Schoder, D. & Willems, P. (2008). *Finding Collaborative Innovation Networks Through Correlating Performance with Social*

Network Structure. International Journal of Production Research, 46(5), S. 1357–1371.
Hackl, B. & Hasebrook, J. (2014). *Maschine oder Wissenschaft.* In: Neue Führungsagenda. Personalmanager als Impulsgeber. Praxisratgeber – Eine Sonderveröffentlichung von personalmagazin und DHBW und zeb, 03.2014, S. 3.
Hackl, B., Hasebrook, J. & Baumann, D. (2023). *Dreiklang der Innovationskraft.* changement!, 05(2023), S. 73–77.
Hamel, G. (2011). *First, Let's Fire All the Managers.* Harvard Business Review, 12/2011, S. 48–60.
Hasebrook, J., Dohrn, S. & Jablonowski, L. (2011). *Diversity Management in Innovationsprozessen.* In: Barthel, E., Hanft, A. & Hasebrook, J. (Hrsg.). Integriertes Kompetenzmanagement. Ein Arbeitsbericht. Waxmann, Münster, S. 31–74.
Hasebrook, J., Hackl, B. & Rodde, S. (2021a). *Mehr Anstrengung, weniger Erfolg. Führen in Pandemiezeiten.* Steinbeis Transfer, Best of 2021, S. 22–24.
Hasebrook, J., Hackl, B. & Rodde, S. (2020). *Team-Mind und Teamleistung. Teamarbeit zwischen Managementmärchen und Arbeitswirklichkeit.* Springer, Heidelberg.
Hasebrook, J. & Maurer, H. (2004). *Learning Support Systems for Organizational Learning.* World Scientific, Singapore.
Hasebrook, J., Michalak, L., Kohnen, D., Meltelmann, B., Metelmann, C., Brinkrolf, P., Flessa, S. & Hahnenkamp, K. (2023). *Digital Transition in Rural Emergency Medicine. Impact of Job Satisfaction and Workload on Communication and Technology Acceptance.* PLoS ONE 18(1). https://doi.org/10.1371/journal.pone.0280956. Abgerufen: 04.03.2024.
Hasebrook, J., Rodde, S. (2021). *Belastende Beweglichkeit – Die dunkle Seite der Agilität.* managerSeminare, 12(2021), S. 22–29.
Hasebrook, J., Schraut, J. & Rodde, S. (2021b). *Unternehmenskultur verstehen und verbessern.* https://bankinghub.de/human-resources/unternehmenskultur-verstehen. Abgerufen: 29.02.2024.
Hasebrook, J., Zinn, B. & Schletz, A. (2018). *Lebenslang kompetent: Lebensphasenorientiertes Kompetenzmanagement zwischen Anforderung und Überforderung.* In: Hasebrook, J., Zinn, B. & Schletz, A. (Hrsg). Lebensphasen und Kompetenzmanagement. Springer, Heidelberg, S. 1–13.
Hardjono, T. & Pentland, A. (2020). *4. Empowering Innovation Through Data Cooperatives.* https://wip.mitpress.mit.edu/pub/xxpfeobg/release/2. Abgerufen: 01.03.2024.

Hilmarsson, E., Oskarsson, G. & Gudlaugsson, T. (2014). *The Relationship Between Innovation Culture and Innovation Performance*. International Journal of Business Research, 14(1), S. 86–95.

Insigts by GreyB (2023). *Google Patents – Insights & Stats (Updated 2023)*. https://insights.greyb.com/google-patents/. Abgerufen: 29.02.2024.

Jones, D. C., Kalmi, P. & Kauhanen, A. (2010). *Teams, Incentive Pay, and Productive Efficiency: Evidence From a Food-Processing Plant*. Industry and Labor Relations Review, 63(4), S. 606–626.

Jöns, I., Hodapp, M. & Weiss, K. (2006). *Kurzskala zur Erfassung der Unternehmenskultur (KUK)*. Mannheimer Beiträge zur Wirtschafts- und Organisationspsychologie, Mannheim H.1, S. 16–23.

Kaltenecker, S. (2018). *Selbstorganisierte Teams führen. Arbeitsbuch für Lean & Agile Professionals*. 2. überarbeitete und erweiterte Auflage. Verlag dpunkt, Heidelberg.

Katayama, H. & Bennet, D. (1999). *Agility, Adaptability and Leanness: A Comparison of Concepts and a Study of Practice*. International Journal of Production Economics, 60–61, S. 43–51.

Katzenbach, J. & Smith, D. (1993). *The Wisdom of Teams. Creating the High-Performance Organization*. Harvard Business Review Press, Boston.

Keating, E. K., O. R., Repenning N. P., Rockart, S. & Sterman, J. D. (1999). *Overcoming the Improvement Paradox*. European Management Journal, Vol. 17, No. 2, S. 120–134.

Knez, M. & Simester, D. (2001). *Firm-Wide Incentives and Mutual Monitoring at Continental Airlines*. Journal of Labor Economics, 19(4), S. 743–772.

Krafcik, J. F. (1988). *Triumpth of The Lean Production System*. Sloan Management Review (30,1), S. 41.

Kruse, D. L., Freeman, R. B. & Blasi, J. R. (2010). *Shared Capitalism at Work: Employee Ownership, Profit and Gain Sharing and Broad-Based Stock Options*. University of Chicago Press, Chicago.

Lee, G. & Xia, W. (2010). *Toward Agile: An Integrated Analysis of Quantitative and Qualitative Field Data on Software Development Agility*. MIS Quaterly 34(1), S. 87–114.

Mankins, M. & Gottfredson, M. (2022). *Strategy-Making in Turbulent Times. A Dynamic New Model*. Harvard Business Review, September-October 2022. https://hbr.org/2022/09/strategy-making-in-turbulent-times. Abgerufen: 04.03.2024.

Martela, F., Kostamo, T. & Mäkkeli, J. (2022). *Managing Without Managers: Howe Self-Managing Organizations Fulfill the Functions of Managers*.

Acadmey of Management Proceedings, Vol. 2022, No. 1. https://journals.aom.org/doi/abs/10.5465/AMBPP.2022.16337abstract. Abgerufen: 01.03.2024.

Martin, R. L. (2019). *The High Price of Efficiency.* Harvard Business Review 97 (January-February), S. 42–55.

Maschewitz, A. (2011). *Individuelle Kompetenz und Innovation.* In: Barthel, E., Hanfst, A, & Hasebrook, J. (Hrsg.). Integriertes Kompetenzmanagement. Ein Arbeitsbericht. Waxmann, Münster, S. 82–95.

Muckel, P. (2011). *Individuelle Kompetenzen in Innovationsprozessen.* In: Barthel, E., Hanft, A. & Hasebrook, J. (Hrsg.). Integriertes Kompetenzmanagement. Ein Arbeitsbericht. Waxmann, Münster, S. 118–135.

Müller, J. (2024). *Warum ist das mittlere Management so unattraktiv?* https://www.handelsblatt.com/meinung/kommentare/leserdebatte-warum-ist-das-mittlere-management-so-unattraktiv-01/100004704.html. Abgerufen: 01.03.2024.

Olk, J. (2023). *Kaum neue Investitionen: Deutschland gefährdet seine wirtschaftliche Substanz.* Handelsblatt. https://app.handelsblatt.com/politik/konjunktur/standort-debatte-kaum-neue-investitionen-deutschland-gefaehrdet-seine-wirtschaftliche-substanz/29244846.html. Zugegriffen: 18.07.2023.

O'Reilly, C. A. & Tushman, M. L. (2008). *Ambidexterity as a Dynamic Capability: Resolving the Innovator's Dilemma.* Research in Organizational Behavior, 28, S. 185–206.

Othman, A. & Hussein R. M. (2023). *Innovation Management Framework for Achieving Sustainability Through Managing Risks of Innovative Solutions During the Design Process.* Journal of Engineering, Design and Technology. https://www.emerald.com/insight/content/doi/10.1108/JEDT-09-2022-0495/full/html. Abgerufen: 01.03.2024.

Regalado, A. (2013). *Google's Growing Patent Stockpile.* MIT Technology Review. https://www.technologyreview.com/2013/11/29/175273/googles-growing-patent-stockpile/. Abgerufen: 29.02.2024.

Röser, S. (2023). *Warum Deutschland bei Innovationen so kläglich versagt.* Wirtschaftswoche. https://www.wiwo.de/politik/deutschland/sarna-roeser-ist-so-frei-warum-deutschland-bei-innovationen-so-klaeglich-versagt/29181316.html. Zugegriffen: 05.07.2023.

Sackmann, C. (2024). *Die große Streichliste: Diese deutschen Konzerne bauen mehr als 40.000 Stellen ab.* https://www.focus.de/finanzen/boerse/sap-continental-miele-die-grosse-streichliste-diese-deutschen-konzerne-bauen-mehr-als-40-000-stellen-ab_id_259677167.html. Abgerufen: 01.03.2024.

Sanz-Valle, R., Naranjo-Valencia, J. C., Jiménez-Jiménez, D. & Perez-Caballero, L. (2011). *Linking Organizational Learning with Technical Innovation and Organizational Culture.* Journal of Knowledge Management, Vol. 15 No. 6, S. 997–1015.

Schlesiger, Christian (2022). *Das Ranking der Weltmarktführer 2023.* Wirtschaftswoche. https://www.wiwo.de/unternehmen/mittelstand/500-unternehmen-im-ueberblick-das-ranking-der-weltmarktfuehrer-2023/28787506.html. Zugegriffen: 30.06.2023.

Song, Y. Grippa, F., Gloor, P. & Leitão, J. (2019). *Collaborative Innovation Networks. Latest Insights from Social Innovation, Education, and Emerging Technologies Research.* Springer, Wiesbaden.

Spiegel Wirtschaft (2023). *Die europäische Bürokratie behindert Innovationen. Interview mit Merck-Chefin Garijo.* https://www.spiegel.de/wirtschaft/unternehmen/merck-chefin-belen-garijo-die-europaeische-buerokratie-behindert-innovationen-a-25219279-7a92-4bc2-be2e-42718644a5c3. Zugegriffen: 05.07.2023.

Stiftung Familienunternehmen (2023). *Länderindex Familienunternehmen. 9. Auflage.* https://www.familienunternehmen.de/media/public/pdf/publikationen-studien/studien/Laenderindex-2022_Studie_Stiftung-Familienunternehmen.pdf. Zugegriffen: 05.07.2023.

Tarba S. Y., Jansen, J. J. P., Mom, T. J. M., Raisch, S. & Lawton, T. C. (2020). *A Microfoundational Perspective of Organizational Ambidexterity: Critical Review and Research Directions.* Long Range Planning, Volume 53, Issue 6. https://doi.org/10.1016/j.lrp.2020.102048. Abgerufen: 10.03.2024.

Von Zepelin, J. & Dunkel, M. (2024). *Bill Anderson macht Ernst: Bayer rasiert seine Führungsebene.* https://www.capital.de/wirtschaft-politik/bayer-rasiert-seine-fuehrungsbene--chef-anderson-streicht-manager-jobs-34377148.html. Abgerufen: 01.03.2024.

Wen, Q., Qiang, M. & Gloor, P. (2018). *Speeding Up Decision-Making in Project Environment: The Effects of Decision Makers' Collaboration Network Dynamics.* Internation Journal of Project Management, 36(5), S. 819–831.

Werner, K. (2024). *Die Gen Z will nicht Chef werden.* https://www.sueddeutsche.de/projekte/artikel/wirtschaft/gen-z-arbeit-karriere-chef-e836113/?reduced=true. Abgerufen: 01.03.2024.

Wilkens, U., Menzel, D. & Pawlowsky, P. (2004). *Inside the Black-box: Analysing the Generation of Core Competencies and Dynamic Capabilities by Exploring Collective Minds. An Organisational Learning Perspective.* In:

management revue, Vol. 15, Special Issue: Beyond the Resource Based View (Guest Editor: M. Moldaschl), S. 8–26.

Woolley, A. W., Chabris, C. F., Pentland, A., Hashmi, N., & Malone, T. W. (2011). *Evidence for a collective intelligence factor in the performance of human groups.* Science, 330, 686–688.

2

Teams – die Quelle für Innovation

Dem bekannten Managementvordenker Peter Drucker wird das Zitat zugeschrieben: „Alles, was sich von allein entwickelt, sind Unordnung und Konflikte". Viele Managerinnen und Manager würden Drucker aus vollem Herzen zustimmen, weil auch sie selbst erfahren haben, dass Mitarbeitende dazu neigen, ihren eigenen Zielen und Vorstellungen nachzugehen, statt sich auf Unternehmensziele zu konzentrieren, und sich gegenseitig beschuldigen, wenn etwas schiefläuft, z. B. Termine nicht eingehalten werden und die Qualität der Arbeit nicht stimmt. Was also soll dabei herauskommen, wenn man Hierarchien abbaut, alle bisher bestehenden Vorgaben und Prozessstandards aufgibt und Teams völlige Handlungsfreiheit gibt?

Herausgekommen ist beispielsweise der größte (und mittlerweile fast einzige) Pflegedienst in den Niederlanden, Buurtzorg, der über 15.000 Menschen in selbstorganisierten Teams beschäftigt. Die Teams werden nach Zeit bezahlt und nicht mehr nach Pflegetätigkeiten (wie z. B. Verbandwechsel), sodass Zeit zum Gespräch und zum Zuhören bleiben. Entgegen allen Befürchtungen sind die Pflegekosten gesunken und die Zufriedenheit der Patientinnen, Patienten und Mitarbeitenden gestiegen.[1] Gründer ist der Niederländer Jos de Blok, der aus Frust über einen Führungsjob in der Pflege einen radikalen Neuanfang wagte, auf komplett selbstorganisierte Pflegeteams setzte, und damit ein mittlerweile weltweit kopiertes Modell der Pflegearbeit schuf.

Unternehmen nutzen ihr Innovationspotenzial nicht vollständig aus. Wie in Kap. 1 gezeigt wurde, rückt entweder das Individuum oder die Organisation in den Fokus der Unternehmenssteuerung. Unternehmen fokussieren in ihren Steuerungs- und Managementsystemen auf das Individuum. Das führt dazu, dass zwar in den Unternehmen sehr viele Ideen durch Mitarbeitende entstehen, diese aber in den Teams und in der Folge in der Organisation nur selten aufgegriffen, umsetzungsreif weiterentwickelt und dann marktreif gemacht werden. Kurz gesagt: Die „Ideenquote" der Mitarbeitenden ist gut, die Veredelung dieser Ideen zu wirtschaftlich erfolgreichen Innovationen lässt aber zu wünschen übrig. Dafür müssen vor allem Teams in den Fokus rücken.

Um Teams als Motor von Innovation zu begreifen, bedarf es eines Umdenkens. Zum einen, was den Teambegriff selbst angeht (siehe Abschn. 2.1 und 2.4), zum anderen, was vermeintliche Selbstverständlichkeiten betrifft. Es sind vor allem drei Irrtümer, die Unternehmen in ihrer Innovationsfähigkeit bremsen:

1. Nicht Individuen, sondern Teams sind die eigentliche Leistungseinheit in Organisationen. Denn **erst aus dem Wechselspiel zwischen individueller Kreativität und Teamleistung entsteht Innovation** (siehe Abschn. 2.2).
2. Die **Teamleistung ist jedoch nicht abhängig von Individualleistungen,** sondern von der Qualität der Teamarbeit (siehe Abschn. 2.3). Denn eine Gruppe von brillanten Einzelpersonen ergibt noch lange kein brillantes Team.
3. Teams werden gerne als organisatorische Einheiten definiert. Doch **leistungs- und innovationsstarke Teams sind mehr als eine funktionale Gruppe im Organigramm.** Ihre Kraft beziehen sie aus einem klaren Ziel-, Werte- und Rollenverständnis sowie einem Zustand der psychologischen Sicherheit (siehe Abschn. 2.4).

---

[1] Vgl. hierzu Kapitel „Teamarbeit am Ende oder erst am Anfang? Appell für einen Neustart" (Hasebrook et al., 2020, S. 299–316).

Diese Gedankengänge möchten wir in diesem Kapitel nachzeichnen und verdeutlichen, warum ein Umdenken im Hinblick auf das Teamverständnis die eigene Innovationsfähigkeit dramatisch erhöhen kann.

2.1 Teams sind die zentrale Leistungseinheit

Dem US-Industriellen Andrew Carnegie wird folgendes Zitat zugeschrieben:

> „Das Einzige, was ein Unternehmen von anderen wirklich unterscheidet, ist die Fähigkeit seiner Mitarbeiter zusammenzuarbeiten."

Diese Aussage ist aus mehreren Gründen beachtenswert. Zum einen, weil sie mehr als 100 Jahre alt ist und dennoch aus einem aktuellen Lehrbuch über Teamzusammenarbeit stammen könnte. Zum anderen, weil Carnegie als typischer Großindustrieller seiner Zeit nicht gerade in dem Ruf stand, seine Mitarbeitenden besonders pfleglich zu behandeln.[2]

Der Begriff „Team" ist in Deutschland etwa seit dem Jahr 1900 im Gebrauch. In England wurden damit u. a. Sportmannschaften bezeichnet. In seiner ursprünglichen Bedeutung kommt das Wort allerdings aus dem Pferdewesen und bedeutet „Gespann".[3] Das eigentlich Beachtliche ist, dass solche Gespanne wissenschaftlichen Studien zufolge eigentlich gar nicht funktionieren dürften: „Die Anstrengung Einzelner sinkt, je größer das Team ist, Teams treffen mehr risikoreiche Entscheidungen als Einzelpersonen, und eine gute Teamatmosphäre führt oft zu schlechter Leistung".[4] Was ist davon zu halten? Sind Teams tatsächlich nur eine Ansammlung von Individuen, deren Ziel darin besteht, die einzelnen Leistungen zu organisieren?

---

[2] Aussagen von Carnegie sowie von zahlreichen anderen erfolgreichen Unternehmern finden sich im Werk „Think and Grow Rich" von Napoleon Hill von 1937. Dieses wurde von Carnegie beauftragt, um die 500 erfolgreichsten Persönlichkeiten der damaligen Zeit zu befragen. Siehe Hill (2019).
[3] Hasebrook et al. (2020), S. 6.
[4] Hasebrook et al. (2020) S. VI.

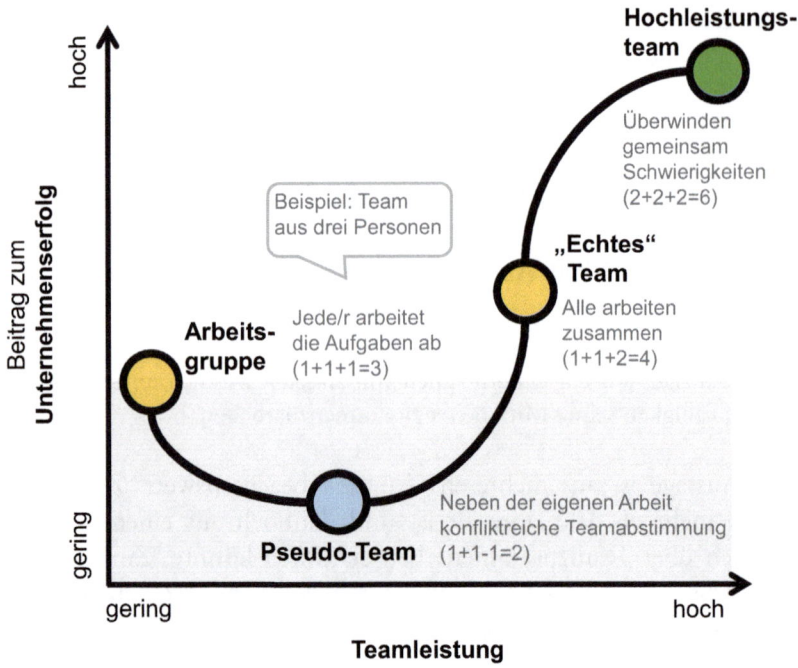

Abb. 2.1 Höhe der Teamleistung und Arten von Teams. (Eigene Abbildung der Kategorien nach Katzenbach & Smith, 1993)

Ein Bestseller über Teamarbeit gibt eine völlig andere und überraschende Antwort: Die Fähigkeit zusammenzuarbeiten ist es, die im Kern ein Team auszeichnet. Doch Team ist nicht gleich Team. In ihrem Buch über die „Weisheit von Teams" beschreiben die beiden Autoren Katzenbach und Smith wie aus einfachen Arbeitsgruppen Hochleistungsteams werden (vgl. Abb. 2.1).[5] Arbeitsgruppen, die meist auf eine mehr oder weniger willkürlich Art und Weise vom Arbeitgeber zusammengesetzt werden, z. B. die Mitarbeitenden in einer Filiale oder an einer Stelle einer Produktionsstraße, erfüllen im besten Fall ihre Aufgabe im Rahmen ihrer Zuständigkeiten. Ein solches Team addiert also seine Fähigkeiten, ein Team von vier Personen erreicht dann eine Leis-

---

[5] Katzenbach & Smith (1993).

tung von 1 + 1 + 1 + 1 = 4. Viele Maßnahmen des „Teambuilding" und Versuche von Führungskräften, aus diesen Arbeitsgruppen nun echte Teams zu machen, führen oft dazu, dass der Koordinationsaufwand und der Wettbewerb im Team um bestimmte Teamrollen wachsen. Damit sinkt die Leistung, aus einem Team mit vier Personen entsteht plötzlich nur noch eine Leistung von drei. Die Leistung steigt erst dann, wenn die Teamfähigkeit und nicht mehr die Einzelleistung – und damit auch das Einzelinteresse – im Vordergrund steht. Katzenbach und Smith nennen solche Teams „Potenzialteams", weil sie sich bereits auf den Weg zu einem echten Team gemacht haben, aber noch keine wirkliche Teamfähigkeit erlangt haben. Solche Teams sind dann nicht leistungsfähiger als Arbeitsgruppen.

Echte Teams zeichnen sich dadurch aus, dass sich alle Mitglieder an Teamzielen orientieren sowie gemeinsame Werte teilen und dass in ihnen Regeln der Zusammenarbeit eingehalten und im Zweifel auch durchgesetzt werden. Solche Teams übertreffen dann die Summe der Einzelleistungen. Echte Hochleistungsteams beruhen auf einer langen Reihe gemeinsamer Lern- und Erfolgserfahrungen. Diese stammen meist aus der Überwindung von Problemen, für die es zuvor keine Lösung im Unternehmen gab und die vielleicht sogar als unüberwindbar galten. Tiefgreifende Innovationen sind genau diese Art von Problem[6]: Scheinbar unüberwindbare Probleme türmen sich immer auf, Fortschritte sind kaum planbar und der Erfolg keineswegs sicher, ein Scheitern immer möglich. Echte Teams, die solche Herausforderungen gemeistert haben, sind wirklich Spitzenklasse.

Mehrere New-Work-Studien, die wir zwischen 2014 und 2019 durchgeführt haben, belegen zudem, dass Mitarbeitende den Stellenwert von Teams nicht besonders hoch einschätzen. Im Gegensatz zu Führungskräften stufen sie ihre individuellen Leistungen als zentralen Erfolgsfaktor ein, nicht die Zusammenarbeit in Teams. Diese werden von den Mitgliedern eher als Spielraum für möglichst großen individuellen Freiraum bei wenig gemeinsamer Verantwortung gesehen.[7] Hinzu

---

[6] Vgl. Dueck (2020).
[7] Hasebrook et al. (2020), S. 4.

kommt, dass Organisationen selbst die Teamarbeit untergraben, indem sie Teams lediglich als organisatorische Einheit einsetzen, um individuelle Leistungen zu organisieren. Das ist umso erstaunlicher, als dass die Zusammenarbeit im Team sowohl intern als auch extern in den meisten Unternehmen als wesentlicher Bestandteil der eigenen Unternehmenskultur betrachtet wird.

> **Was ist ein Team?**
>
> Teams sind „eine zentrale Leistungs- und Organisationseinheit innerhalb von Unternehmen (…), die ein gemeinsames Ziel verfolgt und über eine bestimmte mentale Relation miteinander verbunden ist".[8] Die Leistungsfähigkeit beruht auf hoher Teamfähigkeit und einer Balance zwischen individueller Wertschätzung und Förderung sowie gegenseitiger Rücksichtnahme und Orientierung an gemeinsamen Teamwerten und -zielen.[9] Teams können sehr unterschiedliche Formen annehmen und in sehr unterschiedlichen Größen funktionieren – je nach Art der Aufgabe und Zusammensetzung (siehe auch Abb. 2.2):
>
> - **Squad (bis 5 Personen):** Sehr kleine Teams von 5 Personen oder weniger erzeugen einen besonders hohen Anpassungsdruck. Der Grund dafür ist, dass in kleinen Teams die individuellen Unterschiede der Teammitglieder besonders große Bedeutung hat und die Gruppe zum Erhalt einer Gruppenidentität daher einen hohen Anpassungsdruck ausübt. Damit solche Gruppen nicht zu konform werden und abweichende Ansichten und neue Perspektiven zulassen können, ist es wichtig auf klare Aufgabenstellungen zu achten, die zu den individuellen Stärken und Schwächen passen.
> - **Hochleistungsteam (bis 15 Personen):** Größere Teams mit bis 15 Mitgliedern können verschiedene Perspektiven und Stärken sehr viel leichter integrieren. Um Nutzen daraus zu ziehen, muss daher auf zu den Aufgaben passende Vielfalt geachtet werden, z. B. alters- und geschlechtergemischte Teams oder Teams aus Newcomern und erfahrenen Mitarbeitende. Hier gilt es vor allem Rollen und Zuständigkeiten zu klären, damit diese „balancierten Teams" volle Leistung zeigen können.
> - **Großgruppen (bis 60 Personen):** Noch größere Teams können ebenfalls sehr effizient sein, wenn z. B. Aufgaben sehr gut auf kleinere Gruppen aufgeteilt und unabhängig abgearbeitet werden können. Die Heraus-

---

[8] Siehe Hackl et al. (2021), S. 6.
[9] Siehe Hackl et al. (2021) und Hasebrook et al. (2020).

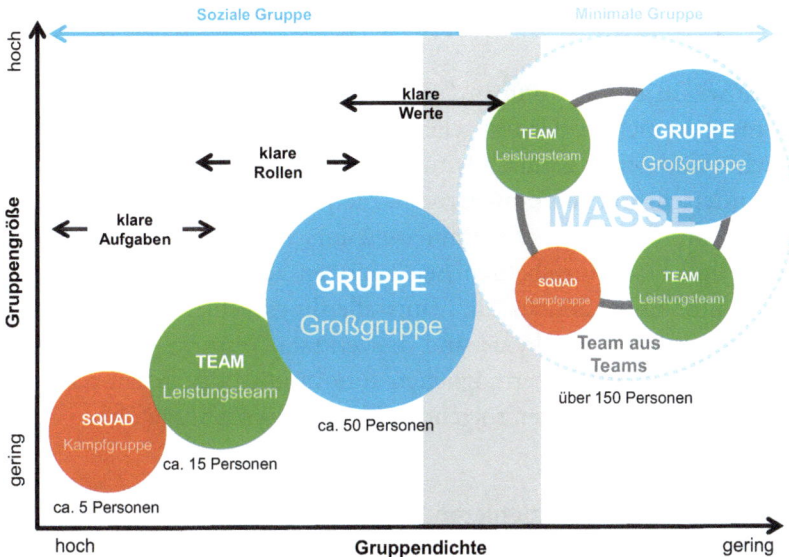

Abb. 2.2 Der Zusammenhang zwischen Gruppengröße und Gruppendichte. (Eigene Darstellung eines Auszugs aus dem Team-Mind-Modell nach Hasebrook et al., 2020)

> forderung dieser Großgruppen ist es, eine gemeinsame Identität herzustellen und zu erhalten, denn anders als in kleinen Gruppen herrscht hier kein hoher Anpassungsdruck. Ganz im Gegenteil: Es gibt die Gefahr, dass sich voneinander abgrenzende Mehrheits- und Minderheitsgruppen bilden, wobei die Minderheit besonders darauf bedacht ist, ihre Identität auf Kosten der Mehrheit zu pflegen.
> - **Team aus Teams (bis 150 Personen):** In noch größeren Dimensionen bestehen Teams aus mehreren Einzelteams, die in Größe und Zusammensetzung kontextabhängig stark variieren können.

Tatsächlich tauchen diese wichtigen Erkenntnisse in der allgemeinen Literatur zum Thema „Teams" nicht auf. Gerade diese Forschung ist es allerdings, die zu erklären weiß, was jenseits von individueller Leistung als „Team-Mind" entstehen kann: „Es geht um ein wechselseitiges Bewusstsein und eine „kollektive Intelligenz", die aus der Zusammenarbeit in der Gruppe etwas entstehen lässt, was die Summe der Einzelleistungen deutlich übersteigt."[10]

Wie wir in Studien und in Gesprächen mit dem Unternehmensmanagement immer wieder feststellen, werden Teams sehr eindimensional gedacht. Und genau dadurch wird sehr viel Potenzial verschenkt. Es gibt ganz unterschiedliche Team-Formen, die je nach Aufgabe, die es zu bewältigen gilt, in Größe, Zusammensetzung, internen Rollen, Entscheidungs- und Handlungsbefugnissen variieren können. Eines haben leistungs- und innovationsstarke Teams allerdings gemein: Sie sind nicht nur Organisationseinheit, sie sind die zentrale Leistungseinheit. Sie potenzieren Leistung und ermöglichen Innovation. Was genau damit gemeint ist, wird nun in den folgenden Unterpunkten ausgeführt.

> **Warum und wie funktionieren Teams?**
>
> Wir alle machen uns fortwährend Gedanken darüber, was andere von uns denken. Da alle Menschen, die eng zusammenarbeiten, gegenseitig übereinander nachdenken, entsteht so etwas wie eine gemeinsame geistige Vorstellung einer Gruppe von- und übereinander. Tatsächlich müssen wir, um miteinander kommunizieren zu können, eine gute Vorstellung davon haben, in welchem geistig-emotionalen Zustand sich unsere Gesprächspartner befinden. Unser Gehirn ist ein „soziales Gehirn" (engl. „social brain"[11]). Es in seiner „Hardware", also in der Gehirnstruktur, so gebaut, dass Emotionen anderer Menschen mit Hilfe sogenannter „Spiegelneuronen" erkannt werden, die in uns ähnliche Emotionen hervorrufen wie jene, die wir bei unserem Gegenüber erkennen. Aber wir erkennen nicht nur Gefühle intuitiv und reagieren darauf. Wir entwickeln regelrechte Theorien darüber, das andere Menschen denken, empfinden und wie sie deswegen voraussichtlich handeln werden. Entsprechend wird hier einer „Theorie des Geists" (engl. „theory of mind"[12]) gesprochen. Im „social brain" arbeitet also ein „social mind", der sich bewusst Gedanken über seine Mitmenschen macht.[13]
>
> Es kostet einen hohen geistigen Aufwand, sich relevante Informationen über die Personen im sozialen Umfeld zu merken. Das wird natürlich immer schwieriger, je größer die Gruppe ist. Studien zeigen, dass ein

---

[10] Hasebrook et al. (2020), S. VI f..
[11] Vgl. Übersicht in Van Overwalle und Baetens (2009).
[12] Vgl. Premack und Woodruff (1978).
[13] Vgl. Baron-Cohen et al. (1985).

"social mind" nur etwa 150 Personen erfassen kann.[14] Ab einer Gruppengröße von mehr als 150 Personen werden stattdessen einfache soziale Entscheidungsregeln angewendet. Daher nimmt die Bedeutung von Gruppenidentität mit der Größe der Gruppe zu – als eine Art Vereinfachung übereinander zu denken: „Eine bzw. einer von uns" oder eben nicht. Die einzelne Person wird bei größeren Gruppen immer unwichtiger, was es leichter macht, sich zu koordinieren. Daher üben kleinere Gruppen einen höheren Anpassungsdruck aus, und größere Gruppen sind leichter in der Lage, zu gemeinsamen Entscheidungen zu kommen.[15]

Es gibt also drei Stufen des sozialen Umgangs mit Gruppen:

1. Die kleine Gruppe (bis ungefähr 15 Personen), in der Einzelpersonen klar hervortreten, eng kooperieren, aber auch hohen Gruppendruck ausüben.
2. Die große Gruppe (bis maximal 150 Personen), in der Individuen zwar noch geistig erfasst werden können, aber Gruppenprozesse und -normen bestimmend sind. Diese Gruppengröße wird auch als „Small Word" (kleine Welt) bezeichnet. Selbst die Milliarden User in den Social Media organisieren sich in „Small Worlds" von jeweils ca. 150 Personen.[16]
3. In noch größeren Gruppen oder Menschenmassen von mehr als 150 Personen brechen die an Individuen orientierten Steuerungsmechanismen zusammen, und es entstehen sogenannte „Minimalgruppen" (minimal group), die vereinfachten sozialen Normen und Entscheidungsregeln (sog. Heuristiken) gehorchen. Solche Massenphänomene betrachten wir in diesem Buch nicht.

Hochleistungsfähige Teams brauchen eine gewisse Ausgewogenheit oder Balance zwischen verschiedenen Kompetenzen und Perspektiven. Ein solches „balanced team" kann also erst ab einer gewissen Größe entstehen, die zwischen 5 und 15 Personen liegt. Eine größere Gruppe von bis zu 50 oder 60 Personen kann Vorteile bei Koordinations- und Entscheidungsaufwand bieten, wenn Aufgaben und Rollen klar verteilt sind. Innerhalb noch größerer Gruppen können kleinere Teams miteinander verbunden sein, im Austausch stehen und ein „Team of Teams"[17] bilden. Kleine Teams brauchen vor allem klare Aufgaben und Ziele, größere Gruppen zudem klare Rollen und Zuständigkeiten, während Großgruppen von einer gemeinsamen Identität zusammengehalten werden.

---

[14] Vgl. Dunbar (1992), Dávid-Barret und Dunbar (2013), Oesch und Dunbar (2018).
[15] Vgl. Oesch und Dunbar (2018).
[16] Vgl. Leskovec und Horvitz (2008), Milgram (1967).
[17] McChrystal et al. (2019).

2.2 Individuen stehen für Kreativität, Teams für Innovation

Wie in Kap. 1 erläutert, konzentriert sich das Management in den meisten Unternehmen entweder auf Individuen oder auf organisatorische Prozesse, um Innovation zu fördern. Dabei führt der Wunsch nach einer Erfolgsgarantie dazu, dass Innovationsbestrebungen ebenso reguliert werden wie andere Unternehmensprozesse. Doch Innovation entfaltet ihre Kraft jenseits von standardisierten Abläufen und zwischen vermeintlich konträren Organisationsformen.

Wie ebenfalls deutlich wurde, sind Teams die eigentliche Leistungseinheit, wenn es um die Entfaltung von Innovationskraft geht. In der Kreativphase steht zwar das Individuum im Vordergrund, braucht aber das Team als Resonanzraum, Unterstützer und kritischen Begleiter. In der Performanzphase sorgen Teams und deren Fähigkeit effektiv zusammenzuarbeiten überhaupt erst für Produktivität und bilden die Leistungsbasis des Unternehmens. In der dazwischen liegenden Lernphase sind es wieder Teams, die dafür sorgen, dass nicht nur einzelne Personen besser werden, sondern das Unternehmen vorankommt.

> Ohne Teamfokus gibt es keinen Innovationsschub. Teams bilden den Resonanzraum für individuelle Ideen.

Wenn Teams die zentrale Leistungseinheit darstellen, dann braucht es managementseitig eine Fokussierung auf diese wichtige Ebene. Darin besteht die große Herausforderung, denn die allermeisten gängigen Instrumente im Zusammenhang mit Führung und Organisationsentwicklung sind auf Individuen ausgerichtet. Diese klare Tendenz zur Individualsteuerung entwickelte sich spätestens seit Verbreitung fordistischer und tayloristischer Management-Methoden. Das zeigt sich auch heute noch in gängigen Steuerungssystemen wie beispielsweise Zielvereinbarungen im Rahmen von Mitarbeitergesprächen, individuellen Leistungsbewertungssystemen oder auch neueren Management-Ansätzen wie OKR (Objectives and Key Results). Es gibt also überwiegend Verträge, Vereinbarungen, Verabredungen, Belohnungen u.v.m. zwischen einzelnen Mitarbeitenden und Führungskräften.

Die Energiequelle Individuum wird vergleichsweise gut gemanagt und gesteuert. Doch wie sieht es mit dem eigentlichen Motor für Innovation und Performanz, dem Team aus? Wie eine unserer Studien[18] zeigte, stehen teambezogene Steuerungsinstrumente zur Leistungsbewertung und -steuerung im Abseits. In gerade einmal 15 % der befragten Unternehmen sind derartige Systeme etabliert und häufig nur ansatzweise ausgeprägt.

Um das Beispiel einer Fußballmannschaft heranzuziehen, würde das bedeuten, dass der Trainerstab am Ende eines verlorenen Spiels eine Vielzahl an Spielerbewertungen vornimmt, danach Einzelgespräche führt, ganz individuelle Anreize für den Gewinn des nächsten Spiels schafft und jedem Spieler eine ganz persönliche Taktik für die eigene Position mitgibt. Das ist sicherlich wichtig, gar keine Frage. Doch es fehlen einige zentrale Komponenten. Die Leistungsbeurteilung, die Belohnung und auch die kritische Auseinandersetzung – im Team. Denn einzelne Spieler können zwar sprichwörtlich den Unterschied ausmachen. Doch zuvor müssen sie im Team funktionieren.

Wie die Datensätze nahelegen, sind Teams mit guter Zusammenarbeit der zentrale Faktor zur Steigerung der Innovationsfähigkeit: Herausforderungen können im Team besonders gut gelöst werden. Um das nochmals zu betonen: „Team" ist hier nicht mit „Abteilung" gleichzusetzen (siehe Definition in Abschn. 2.1), sondern ein Zusammenschluss von Menschen in Arbeitssituationen. Dieser kann interdisziplinär, themenbezogen, projektbasiert, hierarchie- und eben auch abteilungsübergreifend sein.

> Das Team ist der Motor, das Individuum der Treibstoff für Innovation.

Nach diesem Verständnis ist das Individuum deshalb nicht Treiber, sondern Treibstoff, um den eigentlichen Motor für Innovation und Performanz – das Team – zum Laufen zu bringen und am Laufen zu halten. Das ist eine entscheidende und durchaus überraschende Perspektive, denn sie widerspricht im Grunde genommen der allgemeinen Auffassung, dass ein Team umso besser wird, je leistungsfähiger die einzelnen Teammitglieder sind. Das ist nicht der Fall, wie Abschn. 2.3 verdeutlichen soll.

---

[18] Hackl et al. (2021).

These 6.
Teamleistung ist keine Addition, sondern eine Multiplikation von Einzelleistungen.

2 Teams – die Quelle für Innovation

2.3 Führung und Steuerung innovativer und erfolgreicher Teams

Wenn es um Steigerung der Leistungsfähigkeit geht, stehen ebenfalls Individuen im Fokus des Unternehmensmanagements. In der Regel sind es drei Stellschrauben, an denen gedreht wird:

- Ziele, die mit Mitarbeitenden und Führungskräften vereinbart werden.
- Leistungsbeurteilungen, in denen die Zielerreichung betrachtet und bewertet wird.
- Boni, also Belohnungssysteme, bei denen die Zielerreichung angemessen vergolten wird.

Und tatsächlich zeigen umfangreiche Untersuchungen, dass eine Leistungsbeurteilung zu individuellen Leistungsverbesserungen führt. Denn regelmäßige Gespräche und Rückmeldungen werden als Steigerung der persönlichen Arbeitsqualität erlebt.[19] Offen bleibt, welche Rolle die Zielvorgaben selbst oder eventuelle Belohnungen bei Zielerreichung spielen. Und vor allem stellt sich eine Frage: Können diese Stellschrauben in Bezug auf individuelle Leistung auch auf Teams übertragen werden?

> **Ziele + Belohnung ≠ Teamleistung.**

Untersuchungen zur Auswirkung von Belohnungen auf die Teamleistung offenbaren überraschende Ergebnisse. Wie sich zeigt, ist die individuelle Anstrengung im Team dann am höchsten, wenn es keinen Teambonus gibt. Am niedrigsten ist sie, wenn der Teambonus gering ausfällt. Lediglich bei einem hohen Teambonus ist ebenfalls eine Steigerung zu messen.[20] Noch deutlicher ist diese Tendenz, wenn es um individuelle Leistungsboni geht. Diese untergraben nämlich die Kooperationsbereit-

---

[19] Vgl. BMAS (2019), Hasebrook et al. (2022), S. 39 f.
[20] Vgl. Irlenbusch und Ruchala (2008), Hasebrook et al. (2022), S. 40 f.

schaft im Team und führen dazu, dass die gemeinsame Teamleistung zusätzlich sinkt.

Belohnungen führen also nicht zu mehr Leistung im Team. Sie sind kein Ansporn für Performance, sondern lediglich Maßstab für eine faire Behandlung. Wie sieht es aber mit Zielen aus? Hier zeigen Studien zur Wirksamkeit von gemeinsamen Zielen, dass Zielklarheit für die Teamleistung eine ganz entscheidende Rolle spielt, während andere Faktoren wie Teamgröße oder Teamboni kaum Einfluss nehmen.[21] Dabei muss unterschieden werden zwischen Zielvorgaben (die von außen kommen, beispielsweise der Führungskraft) und Zielen (die sich ein Team selbst setzt). Letztere entfalten eine deutlich größere Wirkung, was wiederum anhand einer Fußballmannschaft verdeutlicht werden kann: „Ein Team muss gewinnen wollen, um gewinnen zu können und sein „größtes gemeinsames Vielfaches" zu finden. Zielvorgaben und Bonuszahlungen unterstützen eher Einzelkämpfertum, das hinter der Leistungsfähigkeit des Teams zurückbleibt und zum „kleinsten gemeinsamen Nenner" führt."[22]

> Ein Team wird nicht besser, wenn die Teammitglieder besser werden, sondern wenn sich die Teamfähigkeit erhöht. Gesteigerte Teamfähigkeit heißt gesteigerte Innovationsfähigkeit.

Die Erhöhung der individuellen Leistungsfähigkeit führt also nicht zu einer Erhöhung der Leistungsfähigkeit im Team. Oder anders ausgedrückt: Ein Team von Genies ist noch kein geniales Team.[23]

Ein Team wird nicht leistungsfähiger, wenn die Individuen intelligenter, erfahrener oder motivierter sind, sondern wenn sich dessen Teamfähigkeit erhöht. Auch hier soll nochmals das eingängige Beispiel einer Fußballmannschaft herangezogen werden: Immer wieder stellen sich Fans und Journalisten die Frage, wie es sein kann, dass ein Team aus Weltklasse-Spielern (oder -spielerinnen) innerhalb relativ kurzer Zeit

---

[21] Vgl. van der Hoek et al. (2016).
[22] Hasebrook et al. (2020), S. 41.
[23] So lautet der Name des Abschn. 4.4.2 in Hasebrook et al. (2020).

nicht mehr ihre Leistung abrufen kann. Die Spieler selbst und ihre individuelle Leistungsfähigkeit (Talent, Erfahrung, Fitnesslevel) haben sich von einer Woche auf die andere nicht verändert. Auch die Einsatzbereitschaft scheint vorhanden zu sein. Dennoch kann es sein, dass das Zusammenspiel nicht mehr funktioniert und folglich die Ergebnisse nicht mehr stimmen. Was hier offenbart wird, ist der oben genannte Zusammenhang: Eine Fußballmannschaft ist mehr als die Summe der einzelnen Spielerqualitäten. Es geht dabei um die Zusammensetzung von Teams (siehe Abschn. 2.4), aber auch um Aspekte wie psychologische Sicherheit (siehe Abschn. 3.2) oder das Verhältnis von Führung und Selbstführung innerhalb von Teams (siehe Abschn. 3.3).

Selbstverständlich ist ein Investment in Mitarbeitende erforderlich und immens wichtig. Personalentwicklung und lebenslanges Lernen sind Grundvoraussetzungen für den persönlichen Erfolg und selbstverständlich auch für die Teamleistung sowie die Unternehmens-Performance. Um die dadurch entstehenden Effekte zu stärken, ist allerdings noch eine weitere Notwendigkeit zentral: das Team zum zentralen Managementfaktor in Unternehmen zu machen. Um es anhand des bereits erwähnten Fußballbeispiels zu verdeutlichen: Das individuelle Training macht die einzelnen Spieler stärker und wird dadurch zur Grundvoraussetzung für den Mannschaftserfolg. Doch erst das Team-Training bringt die ergänzenden Impulse, damit die einzelnen Spieler miteinander harmonieren und aus der Summe der Einzelleistungen ein Mehr an Teamleistung entsteht.

An dieser Stelle soll nochmals betont werden, dass die Teamfähigkeit zum Schlüsselfaktor für die Leistungsfähigkeit und in der Folge für die Innovationsfähigkeit wird. Doch was bedeutet Teamfähigkeit eigentlich? Die Antwort darauf gab MIT-Forscherin Elaine Lizeo, die in ihren Studien belegen konnte, dass die Lernbereitschaft einzelner Teammitglieder die Produktivität des gesamten Teams nicht wesentlich erhöhte. Was die Teamleistung tatsächlich beeinflusste, war eine Kombination aus geteiltem Vertrauen und Leistungswillen. Wenn diese Kombination bei den einzelnen Individuen im Team vorherrschte, dann wirkte sich dies ganz wesentlich auf die Leistung im Team aus (siehe Abb. 2.3).

Ihr zufolge zeigen Teams mit geringer Leistung ein Machtgefälle sowie die Tendenz zur gegenseitigen Be- oder Verurteilung, während

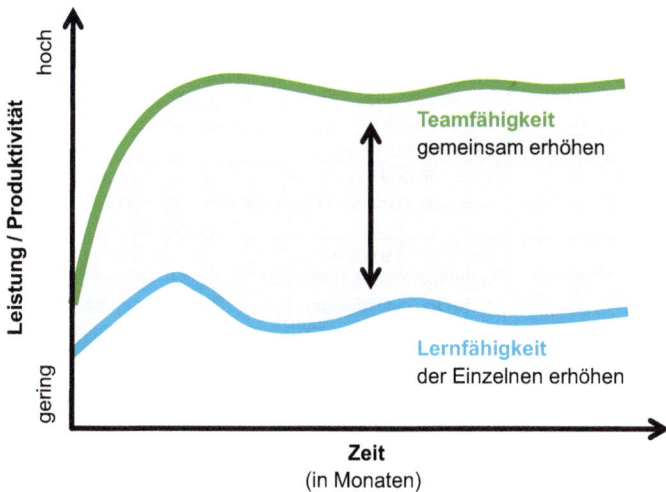

Abb. 2.3 Teamleistung in Abhängigkeit von Lern- und Teamfähigkeit im Zeitverlauf (Abb. nach Hasebrook et al. (2020), S. 30)

sich Mitglieder in Teams mit hoher Leistung auf Augenhöhe begegnen und gegenseitig vertrauen.[24] Der Schlüssel zu mehr Leistung ist demnach psychologische Sicherheit, die maßgeblich von Führungskräften vermittelt wird (siehe Abschn. 3.2).

> Teamfähigkeit wird getragen von (individueller) persönlicher Sicherheit.

Neben Vertrauen und Leistungswillen gibt es noch weitere Kriterien, in denen sich Teams mit geringer Leistung und hoher Leistung unterscheiden (siehe Abb. 2.4), beispielsweise die Art der Führung. Während direkte Leistungs- und Zielvorgaben kombiniert mit hoher Kontrolle zu einer geringen Teamleistung führten, brachte die Festlegung von Zielen im Team und eine unterstützende Rolle der Führungskraft den gegenteiligen Effekt.

Auch Teamrollen sind als Identitätsanker und Innovationstreiber von entscheidender Bedeutung. In Teams mit geringer Leistung sind diese

---

[24] Vgl. Lizeo (2005) sowie Hasebrook et al. (2020), S. 29 f.

	Teams mit geringer Leistung	Teams mit hoher Leistung
Psychologische Sicherheit	Machtgefälle und gegenseitige Be-/Verurteilung (geringe Sicherheit)	Kaum Machtgefälle und hohes gegenseitiges Vertrauen (hohe Sicherheit)
Teamleitung	Kontrolle und direkte Leistungs- bzw. Zielvorgaben	Festlegung von Zielen im Team, Leitung moderiert und unterstützt
Teamrolle	Unklare, oft wechselnde und widersprüchliche Rollen, die nicht den individuellen Fähigkeiten entsprechen	Klare, an Stärken der Teammitglieder orientierte Rollen, die individuelle Sicherheit vermitteln, eine hohe Identifikation mit dem Team erlauben und kritische Diskussionen ermöglichen
Leistungsanspruch	Situationsbezogenes, reaktives Handeln und personenbezogene Beurteilung (z. B. Suche nach Schuldigen)	Selbstvertrauen und gegenseitiges Anspornen zu mehr Leistung
Teamkommunikation	Vermeiden von Diskussionen über Fehler und Vermeiden der Suche nach Feedback bzw. Leistungsbeurteilung	Anstoßen von Diskussionen über Fehler und Suche nach Feedback

Abb. 2.4 Einfluss von psychologischer Sicherheit, Leitung, Leistungsanspruch und Kommunikation auf Teams. (Eigene Abbildung nach Hasebrook et al. (2020), S. 30 f.)

unklar und widersprüchlich. Teams mit hoher Leistung wiederum zeigen eine klare Rollenstruktur, die ihren Mitgliedern Sicherheit vermitteln und zu kritisch-konstruktiven Diskussionen einladen. Zudem sind sie effektiver in der Teamfindung und -entwicklung, da die Aufgabenstellungen klar sind. Eine hohe Identifikation mit dem Team sorgt auch dafür, dass einzelne Mitglieder weder auf Kosten anderer glänzen wollen, noch dass sie sich unter die Gruppe unterordnen.

Beim Leistungsanspruch gab es ebenfalls auffällige, differenzierende Merkmale: Teams, die eher situationsbezogen handelten und nach Fehlern die Schuldigen suchten, waren deutlich weniger produktiv als solche, in denen sich die Mitglieder gegenseitig anspornten und Vertrauen schenkten.

Schließlich offenbarten sich noch wesentliche Unterschiede in der Teamkommunikation. Hier herrschte in Teams mit geringer Leistung die Tendenz vor, ein ehrliches Feedback sowie die Auseinandersetzung mit Fehlern zu vermeiden. Dagegen zeigte sich bei Teams mit hoher Leistung, dass Fehler diskutiert und Rückmeldungen aktiv eingeholt wurden.[25]

> **Die Problemlösungsfähigkeit von Teams ist größer als die von einzelnen Individuen.**

Zu ebenfalls interessanten Erkenntnissen gelangte eine Arbeitsgruppe rund um die Forscherin Anita Woolley von der Carnegie Mellon University und Mitarbeitende des MIT. In einer Studie beschäftigten sie sich mit kollektiver Intelligenz. Diese definierten sie als die Fähigkeit einer Gruppe, bestimmte komplexe Aufgaben zu lösen (in Unterscheidung zu anderen Konzepten, etwa dem der „Schwarmintelligenz"). Ihr Ansatz bestand darin, die kollektive Intelligenz auf dieselbe Weise zu messen wie sonst individuelle Intelligenz.[26] Dazu untersuchten sie rund 600 Personen, die zufällig auf 200 Teams aufgeteilt wurden. In der Gruppe mussten sie etwa begrenzte Ressourcen verhandeln oder moralische Urteile fällen.

Ein Kernergebnis war, dass die Problemlösungsfähigkeiten von Teams höher ausgeprägt sind als diejenigen einzelner Personen. Denn im Team können mehr komplexe Aufgaben gelöst werden als allein. Ein anderes, erstaunliches Ergebnis war, dass kluge Einzelpersonen nicht automatisch ein „kluges" Team bilden. Die Problemlösungsfähigkeit der jeweiligen Personengruppe variiert unabhängig von der individuellen Intelligenz. Auch andere Faktoren nehmen keinen messbaren Einfluss, etwa Motivation oder Zufriedenheit.

Ein Team ist also mehr als die Summe seiner Mitglieder. Doch wie lässt sich dieses Wissen nun transferieren? Welche Konsequenz hat diese Erkenntnis für die unternehmerische Praxis?

---

[25] Vgl. auch hier Lizeo (2005) sowie Hasebrook et al. (2020), S. 29 f.
[26] Vgl. Woolley et al. (2011).

**These 7.
Innovationsstarke Teams
sind Risikogemeinschaften,
keine
Organisationsschubladen.**

2 Teams – die Quelle für Innovation

2.4 Es braucht einen Perspektivwechsel

2.4.1 Teams als zentrale Leistungseinheit innerhalb der Organisation

Die Rolle von Teams und Ihre Bedeutung für die Innovationskraft von Unternehmen wird immer wieder breit diskutiert. Zahlreiche empirische Studien[27] belegen eine zentrale Funktion von Teams bei der Beschleunigung von Innovation. Zudem sind sie die Voraussetzung zur Implementierung neuer Geschäftsmodelle oder -prozesse – zum einen innerhalb von Unternehmen, zum anderen auf dem Markt.

Warum das so ist, wurde im Kap. 1 bereits erläutert. Individuen sind mit ihren Fähigkeiten und ihrem Engagement die Energiequelle, aus der Leistung und Innovation entstehen sollen. Aus der Leistungsfähigkeit von Einzelnen wird aber nicht zwangsläufig Leistung. Es braucht einen Energiewandler, der das Potenzial von Einzelnen vervielfältigt. Es braucht einen Motor, der die Energie in Leistung transferiert. Dieser Motor und Energiewandler ist das Team.

Was mittlerweile deutlich geworden seine sollte: Es braucht einen Perspektivwechsel. Teams werden in der Regel als Organisationseinheiten betrachtet und gesteuert. Sie sind aber viel mehr als das. Sie sind die zentrale Leistungseinheit in Unternehmen. Und so müssen sie in der Organisation platziert werden.

> Teams werden zu eindimensional gedacht.

Zwar wird im Unternehmenskontext und auch in der öffentlichen Diskussion viel von Teams und deren Bedeutung gesprochen. Doch das Verständnis bleibt eindimensional. Demnach sind Teams eine Ansammlung von Einzelpersonen oder – anders ausgedrückt – Mitarbeiter-Füh-

---

[27] Vgl. Studienverzeichnis.

rungskraft-Beziehungen, die sich im Kern auf die Optimierung der individuellen Leistung konzentrieren.

Denn nach wie vor herrscht in Unternehmen die eindeutige Tendenz zur Individualsteuerung vor. Jegliche organisatorische Ausrichtung fokussiert die Relation zwischen Führungskraft und einzelnen Mitarbeitenden: Vom Einstellungsprozess über Feedback- und Jahresgespräche bis hin zu Gehalt und Belohnungssystemen.

Wenn aber ein Team nicht mehr ist als ein Ast im Organigramm, eine Einheit aus Einzelpersonen, eine Akkumulation von Namen, dann schafft das zwar Zugehörigkeit, aber noch keine Leistung. Eine Leistungsinstanz Team gibt es aber in der Regel nicht. Weder in der Leistungsbewertung noch in der Entlohnung noch in der Führungsarbeit.

> Die meisten Unternehmen schöpfen das Leistungspotenzial von Teams nicht aus.

Es ist dringend an der Zeit, dieses alte Verständnis zu überholen und Teams als die entscheidende Funktionseinheit in Unternehmen zu begreifen. Denn die meisten Unternehmen schöpfen das Leistungspotenzial von Teams nicht aus. Das Ganze ist mehr als die Summe seiner Teile. Wie in diesem Kapitel deutlich werden wird, können Teams zu Energiewandlern, zu Innovationsbeschleunigern werden, wenn sie als zentrale Instanz im Unternehmen betrachtet und platziert werden. Diese Umdeutung des Teambegriffs nimmt auf alle zentralen Stellhebel des Personal- und Unternehmensmanagements Einfluss – auf die Führungs- und Steuerungslogik, auf die Personalentwicklung, die Organisationsentwicklung und die Unternehmenskultur, auf die Arbeitgeberattraktivität, die Loyalität und die Fluktuation. Und, nicht zuletzt, auf den Leistungs- und Innovationsoutput jedes Einzelnen und der gesamten Organisation.

Nur Teams sind in der Lage, die von Individuen bereitgestellten Ideen zu verwerten und zu potenzieren. Ein Beispiel lieferte unlängst der bereits erwähnte Artikel „Deutschland hält nicht durch", der in der Onlineausgabe der Frankfurter Allgemeinen erschien. Darin wird nacherzählt, wie das Automobilunternehmen Daimler-Benz bereits in den 1990er-Jahren eine A-Klasse mit Elektroantrieb entwickelte. Maßgeblich dafür verantwortlich war ein Ingenieur. Dauerhaft überzeugen konnte er die Organisation damals nicht, weshalb das Auto nicht zur Serienreife gebracht wurde.[28] Es gab also eine Einzelperson mit einer guten Idee. Und eine Organisation auf der anderen Seite, die diese Idee als irrelevant einstufte. Hätte das gesamte Entwicklerteam dahintergestanden, dann wäre das Ergebnis vermutlich ein anderes gewesen.

Doch Teams sind mehr als nur Energiewandler oder -transporteure. Teams sorgen im Idealfall dafür, dass die einzelnen Mitglieder ihre Energie dauerhaft aufrechterhalten. Denn in der Zusammenarbeit entsteht eine spezifische Form der Motivation und der Leistungsbereitschaft.

> Teams verwerten und potenzieren nicht nur individuelle Leistungen, sie sorgen auch dafür, dass Energie dauerhaft erhalten bleibt.

Ein Ziel der Ausführungen in diesem Kapitel ist, einige gängige Missverständnisse auszuräumen, vor allem dem, dass Führung, Steuerung und Strukturen auf Individuen ausgerichtet werden muss, um auf dieser Basis möglichst viel Produktivität zu erhalten. Gleichzeitig hat eine Mehrheit der Unternehmen das Team als Leistungseinheit nicht im Organisationsdesign vorgesehen bzw. berücksichtigt.

Wie besagte Untersuchungen zeigen, ist die Teamorganisation die Lösung für einen höheren Innovationsoutput. Die meisten Unternehmen in Deutschland sind noch nicht entsprechend aufgestellt. Für sie gilt: Teamorganisation muss gänzlich neu interpretiert und umgesetzt werden.

2.4.2 Voraussetzungen für erfolgreiche Teamarbeit

Eine Teamkultur als Fundament jeder langfristig erfolgreichen Teamarbeit kann nur dann entstehen, wenn drei zentrale Voraussetzungen

---

[28] Vgl. Bernau (2024).

erfüllt sind.[29] Diese Voraussetzungen muten auf den ersten Blick möglicherweise nicht nach akuten Baustellen an, sondern lassen den Eindruck entstehen, als handle es sich vielerorts um etablierte Selbstverständlichkeiten. Bei näherer Betrachtung zeigt sich allerdings, dass sie in den meisten Unternehmen nicht konsequent fertig gedacht und umgesetzt werden. Zumindest nicht im Hinblick auf die Errichtung einer leistungsstarken Teamorganisation.

> Erste Voraussetzung: Teams müssen als zentrale Funktionseinheiten in Organisationen verstanden werden.

Das scheint erstmal keine Besonderheit zu sein. Die meisten Unternehmensverantwortlichen sind vermutlich der festen Überzeugung, dass der Teamgedanke in ihrem Unternehmen eine große Rolle spielt, dass Teams effizient geführt werden, dass sie produktiv zusammenarbeiten und dass im Team ein starker Zusammenhalt vorherrscht. Das Team steht also im organisatorischen Spotlight.

Vermeintlich. Denn tatsächlich spielt das Team keine große Rolle, wenn es um zentrale Führungs- und Steuerungssysteme geht. Führung, Zielvereinbarung, Weiterentwicklung, Leistungsbewertung, Belohnung wird in Unternehmen personenbezogen gedacht und umgesetzt. Einzelne Teambuilding-Workshops ändern daran auch nichts. Hier soll die Notwendigkeit zum Ausdruck kommen, dies zu ändern, Führungs- und Steuerungssysteme konsequent auf Teams auszurichten.

> Zweite Voraussetzung: Es müssen personenunabhängige Strukturen für Teamarbeit geschaffen werden.

Das Festlegen und Nachhalten zentraler Regeln in der täglichen Zusammenarbeit liegen in der Verantwortung des Unternehmens, nicht bei den Führungskräften. Dabei geht es um zentrale Stellhebel wie das Füh-

---

[29] Siehe Hackl et al. (2021), S. 6–7.

rungsverhalten, den Umgang miteinander, die allgemeine Fehlerkultur, Konfliktlösung und weitere Themen. Diese Haltungs- und Verhaltensleitplanken bestimmen den Rahmen für eine lern- und leistungsfähige Organisation und schaffen erst die Voraussetzung für Teamarbeit.

> Dritte Voraussetzung: Erfolg darf nicht mehr als Leistung von Einzelpersonen verstanden werden.

Dass Belohnungssysteme in den meisten Fällen personenbezogen funktionieren, ist kein Geheimnis. Daran ist grundsätzlich auch gar nichts einzuwenden. Besondere Leistungen sollten in besonderer Weise honoriert werden. Doch das, was Unternehmen erfolgreich macht, ist oftmals Teamerfolg. Dieser entsteht nicht in Folge isolierter Einzelbemühungen, sondern im Zusammenspiel aus teamfokussierter Führung, individuellen Leistungen und gemeinschaftlichen Motiven. Auch Teamerfolg muss belohnt werden und ein entsprechendes Grundverständnis für diese Form von Leistungserbringung entstehen. Systematisch angewandte Belohnungssysteme müssen demnach mehr sein, als Mittel zum Zweck in Jahresgesprächen, um individuelle Bedürfnisse zu erfüllen.

2.4.3 Teamrollen und ihre Bedeutung

Teams als zentrale Leistungseinheit zu verstehen und personenunabhängig zu denken, ist ein erster notwendiger Schritt. Der zweite ist, bestimmte Rollenmuster zu erkennen, die sich in erfolgreichen Teams herausbilden. Ein Team ist dann performant und innovationsstark, wenn spezifische Rollen – man könnte auch von Archetypen sprechen – besetzt sind, die Führungskraft eingeschlossen. Sie bilden gewissermaßen die Säulen der Teamkultur.

Diese Rollen – und das ist wichtig zu betonen – bilden sich unabhängig von festgelegten hierarchischen Mustern heraus. Es sind informelle Zuschreibungen der Teammitglieder untereinander, die vor dem Hintergrund der individuellen Sozial- und Personalkompetenzen vorgenommen werden.

> Informelle Rollenmuster tragen wesentlich zur Teamkultur bei.

Auch hier kann nochmals der Vergleich zu Sportmannschaften herangezogen werden. Beim Fußball zeigt sich immer wieder, dass elf brillante Spieler (oder Spielerinnen) nicht zwangsläufig ein brillantes Team ergeben (siehe Abschn. 2.3). Ein möglicher Grund ist mangelnde Rollenvielfalt, was dazu führt, dass die Führungsarbeit nicht mehr funktioniert. In Sportmannschaften wird häufig eine bestimmte Form der Shared Leadership praktiziert. Darunter versteht man einen „dynamische[n] Prozess gegenseitiger Beeinflussung zwischen Individuen in Gruppen, die die Absicht haben sich gegenseitig zu führen, um Team- und Organisationsziele zu erreichen.[30]" In diesem Fall sind es sportliche Ziele, nämlich der Gewinn eines Spiels beziehungsweise eines Turniers oder einer Meisterschaft.

Teamkultur als Voraussetzung für eine leistungsstarke Teamorganisation benötigt also bestimmte, in der Unternehmenssteuerung verankerte Voraussetzungen. Hinzu kommen weitere Zutaten für eine erfolgreiche Teamarbeit. Eine unserer Studien aus dem Jahr 2021 lieferte wertvolle Erkenntnisse rund um die Schwerpunktbereiche Teameffizienz, Teamrollen, Teambindung und Teamkooperation. Befragt wurden über 200 Führungskräfte und Mitarbeitende aus über 60 Unternehmen. Das Ziel der Untersuchung bestand darin, den Einfluss von Teams auf den Unternehmenserfolg zu ermitteln.[31]

Die Teameffizienz wurde von den meisten Teilnehmenden positiv bewertet. Im Vordergrund standen dabei Faktoren wie Vertrauen, Wertschätzung und Unterstützung bei Problemen. Weniger stark ausgeprägt war lediglich die Kommunikation zwischen Führungskraft und Mitarbeitenden beziehungsweise zwischen den Teammitgliedern untereinander.

Beim Thema Teamkooperation zeigte sich ein gemischtes Bild. Positiv bewertet wurden untersuchte Faktoren wie Sinn und Nutzen der Teamtätigkeit, Ziele und Aufgaben sowie der soziale Austausch untereinan-

---

[30] Pearce & Conger (2003), S. 1.
[31] Siehe Hackl et al. (2021).

der. Kritisch gesehen wurden dagegen die Klarheit der Strukturen im Team, der Aufgabenverteilung sowie die Kraft des Informationsflusses. Die Unterschiede in der Wahrnehmung zwischen Führungskräften und Mitarbeitenden waren nicht signifikant.

Ganz anders offenbarte sich das beim Thema Teambindung. Führungskräfte stuften diesbezüglich zentrale Aspekte wesentlich positiver ein als ihr Team. Darunter waren Faktoren wie das Interesse der Führungskraft an Mitarbeitenden, die Beteiligung von Mitarbeitenden an Entscheidungen, die Qualität von Abstimmungen mit der Führungskraft oder der Informationsgrad des Teams.

> Viele Führungskräfte untergraben mit ihrer Art der Teamführung die Selbstverantwortung und Eigeninitiative von Mitarbeitenden.

Der vierte Schwerpunktbereich lieferte die weitreichendsten Erkenntnisse. Hier muss vorangestellt werden, dass es in jedem Team fünf idealtypische Rollen zu besetzen gibt, die zusammengenommen die Leistungs- und Innovationskraft von Teams stärken. Bei ihnen handelt es sich um die Idealtypen „Ermutiger", „Kümmerer", „Harmonisierer", „Initiator" und „Zusammenfasser".

Rollentypen in Teams

Im Rahmen von Einzel- und Langzeit-Teamstudien[32] ermittelten wir unterschiedliche Teamrollen, die typisch für leistungs- und innovationsstarke Teams sind. Diese Rollentypen lassen sich wie folgt benennen und charakterisieren:

- **Ermutiger/-in (Encourager):** Eine Person, die Zuversicht ausstrahlt, andere im Team lobt, Kritik eher zurückhält.
- **Kümmerer/-in (Gatekeeper):** Eine Person, die Anliegen aufnimmt, den anderen im Team zuhört, niemanden ignoriert oder zurücklässt, alle zu Wort kommen lässt.
- **Harmonisierer/-in (Harmonizer):** Eine Person, die Konflikte eindämmt und beendet, Meinungsunterschiede ausräumt, auf Regel verweist und diese einhält.

---

[32] Siehe Hackl et al. (2021).

- **Initiator/-in (Initiator):** Eine Person, die gerne und häufig Verantwortung übernimmt, Ziele klärt und ausgibt, andere motiviert, den Austausch fördert und diesen aktiv strukturiert.
- **Zusammenfasser/-in (Summarizer):** Eine Person, die Beschlossenes dokumentiert, Informationen bündelt und an andere weitergibt, Teammitglieder zusammenbringt.

Diese Rollen sollten entsprechend quer durchs ganze Team, also sowohl bei Mitarbeitenden als auch bei Führungskräften stark ausgeprägt sein. Während bei den Führungskräften der besagten Studie eine starke Ausprägung über die untersuchten Rollentypen „Kümmerer", „Harmonisierer", „Initiator" und „Zusammenfasser" zu beobachten war, zeigte sich, dass sich Mitarbeitende kaum in der Rolle als Kümmerer und Initiatoren sahen (siehe Abb. 2.5).

In dieser Deutlichkeit war das überraschend. Die logische Schlussfolgerung lautete: In diesen Teams wird auf eine Weise geführt, die Eigeninitiative und Selbstverantwortung entgegenwirkt. Das wirkt sich nicht

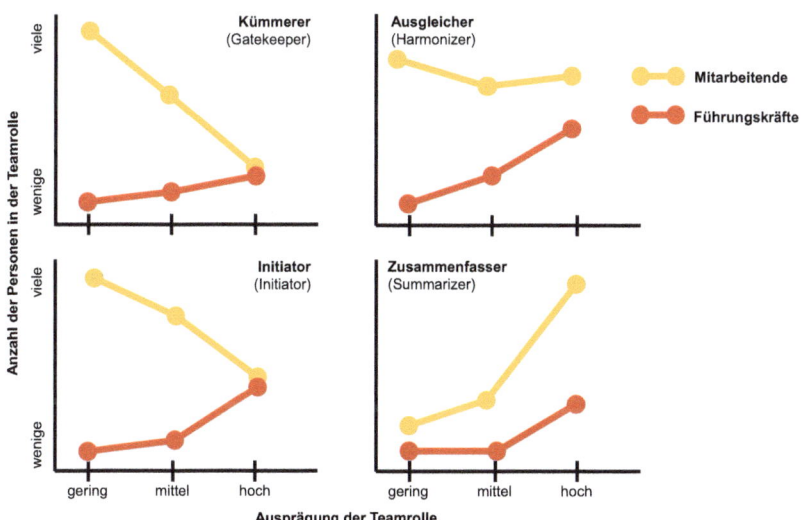

Abb. 2.5 Vier untersuchte Teamrollen und wo sich Mitarbeitende bzw. Führungskräfte darin wiederfinden. (Eigene Abbildung nach Hackl et al. 2021)

nur auf die Leistungs- und Innovationsfähigkeit von Teams aus. Die befragten Mitarbeitenden gaben gleichzeitig an, dass ihr Commitment zum Unternehmen rein kalkulatorisch (berechnend), jedoch nicht affektiv (gefühlsmäßig) sei. Eine langfristige Loyalität zum Unternehmen entsteht aber erst, wenn es sich um eine affektive Bindung handelt.

Insgesamt kamen wir zu der Erkenntnis, dass zentrale Teamrollen in deutschen Unternehmen nicht ausgewogen verteilt sind. Insbesondere sollten Führungskräfte mehr auf ein „Empowerment"[33] ihrer Mitarbeitenden achten, dass zugleich die notwendige Vielfalt der Teamrollen stärkt. Denn wie schon erwähnt: Nur ein Team, dass alle Rollen in sich vereint, kann eine Teamkultur im oben genannten Sinn entwickeln und somit dauerhaft leistungs- und innovationsstark agieren. Und es ist in der Lage, sich (partiell) selbst zu führen.

Das Individuum ist also mit seinen Fähigkeiten und seinem Engagement, seiner Sozialkompetenz (Wie gehe ich mit anderen um?) und seiner Personalkompetenz (Wie gehe ich mit mir selbst um?) die Energiequelle für Teamleistung. Das Team selbst wiederum wird zur zentralen Leistungseinheit, wenn das Performanz- und Kreativitätspotenzial von Individuen ausgeschöpft wird. Ausschlaggebend dafür sind ein neues Teamverständnis und ein Perspektivwechsel.

Um Innovationskraft zu entfalten, gibt es aber noch einen weiteren entscheidenden Hebel: Führung. Darauf wird im Kap. 3 eingegangen.

In unseren Studien[34] konnten wir typische Teamrollen im Hinblick auf ihren Beitrag zu Leistung, Kommunikation und Wissensmanagement weiter ausdifferenzieren. Die Tab. 2.1, 2.2 und 2.3 zeigen eine Übersicht mit Rollenbezeichnungen, dem Beitrag der Rolleninhabenden fürs Team sowie Stärken und Schwächen der jeweiligen Teamrolle.

---

[33] Gemeint ist hier auf Innovationentwicklung in Teams bezogenes Empowerment, das die Faktoren Einfluss, Bedeutung, Autonomie und (Selbs-)Wirksamkeit umfasst (Grass et al., 2020).
[34] Übersicht in Hasebrook et al. (2020).

Tab. 2.1 Leistungsorientierte Teamrollen

TEAMROLLE	BEITRAG	STÄRKEN	SCHWÄCHEN
Umsetzer (Implementer)	Sorgt dafür, dass Ideen und Pläne in die Tat umgesetzt werden	Diszipliniert, organisiert, verlässlich. Setzt auf Konzepte und Strukturen	Manchmal unflexibel, reagieren zögerlich auf Änderungen der Umwelt
Perfektionist (Completer, Finisher)	Sorgt für gewissenhaftes Arbeiten und das Einhalten von Terminen	Gewissenhaft, pünktlich, vermeidet Fehler, achtet auf Details	Manchmal überängstlich, kontrolliert Dinge mehrfach, delegiert nur ungern
Macher (Shaper)	Fordert das Team heraus, sich zu verbessern. Will Hindernisse überwinden	Dynamisch, energiegeladen, konzentriert sich auf Kernprobleme, lenkt die Aufmerksamkeit des Teams auf das Wesentliche	Neigt zu Provokationen, ist ungeduldig, wirkt manchmal arrogant

Tab. 2.2 Kommunikationsorientierte Teamrollen

	BEITRAG	STÄRKEN	SCHWÄCHEN
Koordinator (Coordinator)	Agiert als Entscheider, koordiniert das Team und achtet auf Erreichung der Ziele	Selbstsicher, kommunikativ, entschlussfreudig. Delegiert Aufgaben effektiv	Kann als manipulierend empfunden werden
Teamarbeiter (Teamworker)	Achtet auf gute Zusammenarbeit	Diplomatisch, sympathisch, beliebt. Achtet auf ein gutes Klima im Team	Oft eher zögerlich in Entscheidungen, unentschlossen
Wegbereiter (Resource Investigator)	Sucht Chancen und Kontakte im Umfeld	Extrovertiert, guter Netzwerker, enthusiastisch, kommunikativ. Denkt über den Tellerrand hinaus	Neigt zu zu optimistischem Denken, verliert schnell das Interesse. Verliert gern das Kernthema aus den Augen

Tab. 2.3 Wissensorientierte Teamrollen

TEAMROLLE	BEITRAG	STÄRKEN	SCHWÄCHEN
Neuerer (Plant)	Bringt neue Ideen und Lösungsansätze hervor	Kreativ, denkt unorthodox, fantasievoll. Sucht nach Ideen und neuen Lösungen	Oft unkonzentriert, Flüchtigkeitsfehler, schlecht kritikfähig. Ignoriert gern Details
Beobachter (Monitor-Evaluator)	Analysiert Optionen auf Umsetzbarkeit	Analytisch, streng, konzentriert. Verfügt über gutes Urteilsvermögen	Oft zynisch und skeptisch, manchmal zurückgezogen
Spezialist (Specialist)	Stellt Fachwissen zur Verfügung	Engagiert, interessiert am Fachthema. Wandelt allgemeine in fachlich korrekte Aussagen um	Verliert sich gern in technischen Einzelheiten. Kein guter Entscheider

Anhang

**These 8.
Führung bedeutet, den Boden zu düngen, nicht an den Möhren zu ziehen.**

Literatur

Baron-Cohen, S., Leslie, A. M., & Frith, U. (1985). *Does the autistic child have a "theory of mind"?* Cognition, 21, S. 37–46.

Bernau, P. (2024). *Deutschland hält nicht durch.* Frankfurter Allgemeine. https://www.faz.net/aktuell/wirtschaft/mehr-wirtschaft/deutschlands-innovationskraft-scheitert-am-durchhaltevermoegen-19414745.html. Zugegriffen: 21.01.2024.

Bundesministerium für Arbeit und Soziales – BMAS (2019). *Arbeitsqualität und wirtschaftlicher Erfolg: Die bisherigen Ergebnisse auf einen Blick.* BMAS, Berlin.

Dávid-Barrett, T., & Dunbar, R. I. M. (2013). *Processing power limits social group size: Computational evidence for the cognitive costs of sociality.* Proceedings of the Royal Society, B, Vol. 280, 20131151. Auf: https://doi.org/10.1098/rspb.2013.1151. Zugegriffen: 03.11.2024

Dueck, G. (2020). *Heute schon einen Prozess optimiert?: Das Management frisst seine Mitarbeiter.* Campus, Frankfurt am Main.

Dunbar, R. I. M. (1992). *Neocortex size as a constraint on groupsize in primates.* Journal of Human Evolution, 20, S. 469–493. Auf: https://citeseerx.ist.psu.edu/viewdoc/download?doi=10.1.1.464.5806&rep=rep1&type=pdf. Zugegriffen: 17. Sept. 2019.

Edmondson, A. (1999). *Psychological Safety and Learning Behavior in Work Teams.* Administrative Science Quarterly 44(2), S. 350–383.

Grass, A., Backmann, J. & Hoegl, M. (2020). From Empowerment Dynamics to Team Adaptability: Exploring and Conceptualizing the Continous Agile Team Innovation Process. Journal of Product Innovation Management 37, S. 324–351.

Hackl, B., Baumann, D. & Hasebrook, J. (2021). *Reorganisation: Von der Kunst, Teams neu zu denken.* Personalführung 6/2021, S. 6–9.

Hackl, B., Hasebrook, J. & Baumann, D. (2023). *Dreiklang der Innovationskraft.* changement!, 05(2023), S. 73–77.

Hasebrook, J., Hackl, B. & Rodde, S. (2020). *Team-Mind und Teamleistung. Teamarbeit zwischen Managementmärchen und Arbeitswirklichkeit.* Springer, Heidelberg.

Hill, N. (2019/1937): *Think and Grow Rich. Deutsche ungekürzte und unveränderte Originalausgabe von „Denke nach und werde reich" von 1937 (E-Book).* Finanzbuch, München

Katzenbach, J. R. & Smith, D. K, (1993). *The Wisdom of Teams: Creating the High-performance Organization*. Harvard Business School Press, Boston.

Leskovec, J., & Horvitz, E. (2008). *Planetary-scale views on a large in-stant-messaging network*. Proceedings WWW 2008, Peking. Auf: https://erichorvitz.com/leskovec_horvitz_www2008.pdf. Zugegriffen: 03.11.2024.

Lizeo, E. (2005). *A dynamic Model of Grout Learning and Effectiveness*. System Dynamics Society Conference 2005, Boston.

McChrystal, S., Silverman, D., Collins, T., & Fussel, C. (2019). *Team of teams: New rules of engagement for a complex world*. London: Penguin Business (Erstveröffentlichung 2015, Portfolio/Penguin).

Oesch, N., & Dunbar, R. I. M. (2018). *Group size, communication, and familiarity effects in foraging human teams*. Ethology, 1–14 (Vorabdruck). Auf: www.researchgate.net/publication/325586211_Group_size_communication_and_familiarity_effects_in_foraging_human_teams. Zugegriffen: 03.11.2024.

Pearce, C. L., & Conger, J. A. (2003). *Shared leadership: Reframing the hows and whys of leadership*. Thousand Oaks: Sage.

Premack, D., & Woodruff, G. (1978). *Does the chimpanzee have a 'theory of mind'?* Behavioral and Brain Sciences, 4, S. 515–526.

van der Hoek, M., Groeneveld, S. & Kuipers, B. (2016). *Goal Setting in Teams: Goal Clarity and Team Performance in the Public Sector*. Review of Public Personnel Administration 38(4), S. 1–22.

Van Overwalle, F., & Baetens, K. (2009). *Understanding others' actions and goals by mirror and mentalizing systems: A meta-analysis*. Neuroimage, 48(3), S. 564–584.

Woolley, A. W. & Malone, T. W. (2011). *What Makes a Team Smarter? More Women*. Harvard Business Review, June 2011, HBR Reprint F1106D.

Woolley, A. W. Chabris, C. F. Pentland, A., Hashmi, N. & Malone, T. W. (2011). *Evidence for a Collective Intelligence Factor in the Performance of Human Groups*. Science, 330, S. 686–688.

3
Führung – die Steuereinheit zur Kraftentfaltung

In zahllosen Fachbüchern und -artikeln wird das Thema Führung in Unternehmen von allen nur denkbaren Seiten betrachtet. Und natürlich ist die Feststellung wenig überraschend, dass Führung viel mit der Innovationskraft eines Unternehmens zu tun hat. Vielleicht überrascht es aber doch, dass viele der Vorstellungen und Verhaltensratschläge für Führungskräfte die Innovationskraft des Unternehmens eher schwächen als stärken. Warum das so ist, und warum ein Umdenken dringend erforderlich ist, klären wir in diesem Kapitel auf.

In Kap. 2 wurde deutlich, dass Teams als zentrale Leistungseinheit verstanden und organisatorisch verankert werden müssen. Ihre Leistungs- und Innovationsfähigkeit fußt auf einem gemeinsamen Ziel- und Werteverständnis, auf bestimmten Rollenmustern und individueller psychologischer Sicherheit (dazu gleich mehr). Wenn diese Voraussetzungen erfüllt sind, dann übersteigt die Teamleistung die Individualleistung. Aus dem Zusammenspiel zwischen Teamleistung und individueller Kreativität wiederum entsteht Innovation.

Die Frage ist nun, welche Rolle die Führungskraft innerhalb eines gut funktionierenden Teams einnimmt. Um es auf den Punkt zu bringen: Sie ermöglicht dem Team, als solches wirksam zu werden. Denn:

Führung steigert die Innovationskraft, indem sie die Rahmenbedingungen für Teamarbeit schafft und verbessert. Innovation entsteht nicht durch individuelle Führung, also durch die Wirkung, die eine Führungskraft auf die einzelnen Mitarbeitenden ausübt. Sie entsteht auch nicht durch direkte Teameingriffe, z. B. das Beenden von Streitfragen oder gar Konflikten durch eine Managemententscheidung (in etlichen Unternehmen mehr oder weniger scherzhaft als „par ordre du mufti" bezeichnet). Das bedeutet, dass eine Führungskraft in der Lage sein muss, Teams in moderierender, fördernder, Rat gebender Funktion zu begleiten und manchmal auch einfach laufen zu lassen.

Wird klassische Führung damit überflüssig? Die Antwort lautet ganz klar „Jein". Teams wollen nämlich beides: Geführt werden und sich selbst führen. Was wie ein Widerspruch daherkommt, ist auf den zweiten Blick absolut nachvollziehbar. Denn der Wunsch nach Entscheidungs- und Zielklarheit im ersten Schritt widerspricht keinesfalls dem nach kreativer und operativer Freiheit im zweiten. Es braucht also ein „Sowohl-als-auch" in der Führung.

Das ist eine Herausforderung für die einzelne Führungskraft. Um Teams nach diesem Verständnis gut führen zu können, benötigt es eine deutliche Erweiterung des eigenen Skill- und Mindsets. Doch das allein reicht nicht aus, um Innovationskraft im Unternehmen zu entfalten. Der organisatorische Kontext muss ebenfalls stimmen. Das heißt: Das im Unternehmen etablierte Führungsverständnis muss so definiert sein, dass Teams überhaupt wirken und Innovationskraft entstehen kann. Ist diese elementare Voraussetzung nicht gegeben, kann auch die beste Führungskraft nicht wirksam werden.

Für den Komplex „Führung" im Zusammenhang mit Innovationskraft und Teams lässt sich vorab festhalten:

1. **Führungskräfte können Innovationskraft vor allem durch Verbesserung der Rahmenbedingungen für Teamarbeit steigern,** nicht aber durch direktes Einwirken auf einzelne Mitarbeitende und einzelne Teams (siehe Abschn. 3.2).
2. Führung soll stark sein und gleichzeitig Raum geben. Denn **Teams wollen beides: geführt werden und sich selbstständig führen** (siehe Abschn. 3.3).

3. Die Organisation selbst und ihre **Rahmenbedingungen für Führung definieren, wie viel Innovationskraft im Team entstehen und genutzt werden kann.** (siehe Abschn. 3.4).

3.1 Die Kunst der Unternehmensführung

Führung im Dreiklang aus Individuum, Team und Organisation ist nur möglich, wenn man akzeptiert, dass Leadership keine Tätigkeit meint, die eine oder mehrere auserwählte Personen in einem Unternehmen ausführen. Führung zeigt sich durch eine Steigerung von Engagement, Produktivität und Innovationskraft, die in Folge erfolgreicher Führungsarbeit in Unternehmen zu verzeichnen ist. Deshalb soll hier auch kein bestimmtes Führungsverständnis oder ein bestimmter Führungsstil besonders hervorgehoben werden. Vielmehr bleibt die Betrachtung von Führung bewusst auf einer allgemeineren Ebene.

Doch wie wirkt Führung? Und auf wen? Insgesamt können drei grundsätzliche Schwerpunktsetzungen unterschieden werden (vgl. Abb. 3.1):

1. **Hierarchie** (Herrschaft der Auserwählten; hieros = heilig): Liegt der Fokus von Führung auf den Führungskräften selbst, dann ist ein Unternehmen hierarchisch organisiert. Nach der klassischen „Obersticht-Unter"-Logik gibt es eine kleine Gruppe an „Auserwählten", die den Laden lenken. Alle anderen sind untergeordnet und streng weisungsgebunden.
2. **Holokratie** (Herrschaft aller; holos = ganz, umfassend): Liegt der Fokus dagegen auf Mitarbeitenden, dann herrscht eine holokratische Unternehmenssteuerung vor. Diese Form von flachen bis zu nicht vorhandenen Hierarchien kann man ehesten mit dem Begriff „Basisdemokratie" übersetzen. Die Stimme jedes Einzelnen zählt, deshalb werden alle Mitarbeitenden in Entscheidungsprozesse einbezogen.
3. **Bürokratie** (Herrschaft der Schreibstube, der Ordnung; bureau = Schreibstube): Liegt der Fokus auf organisatorischen Regeln und Regelungen, dann ist das Unternehmen bürokratisch organisiert.

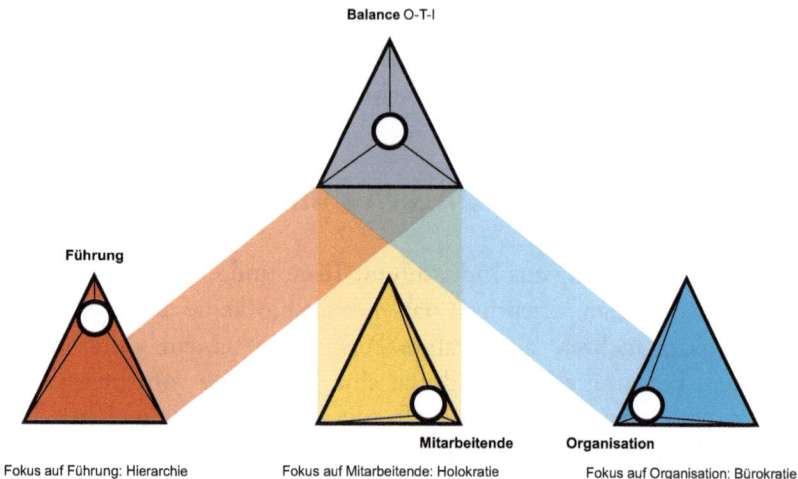

Abb. 3.1 Drei Schwerpunktsetzungen in der Organisation der Unternehmensführung (v. li.): hierarchisch, holokratisch und bürokratisch. (Eigene Darstellung)

Auch dieser „Dienst nach Vorschrift" ist hierarchisch verankert und legitimiert, wobei die Bedeutung des Mitarbeitenden deutlich in den Hintergrund rückt.

Eine Konzentration auf eine dieser Schwerpunktsetzungen ist in der Regel nicht wirkungsvoll. Die Kunst der Unternehmensführung besteht vielmehr darin, diese drei Extreme in Balance zu halten, also in der Mitte dieses Führungsdreiecks zu landen. Das gilt auch (und ganz besonders) im Hinblick auf Innovation.

Wie gesagt: Unternehmen können ihre Innovationskraft dadurch steigern, dass sie Teams als zentrale Leistungseinheit begreifen und sie entsprechend positionieren. Die Kraft, die aus diesem Innovationsmotor frei wird, muss aber erst noch verarbeitet werden: Der Motor läuft, aber sein Vorschub muss gewissermaßen „auf die Straße gebracht" werden. Um im Bild zu bleiben: Mitarbeitende, genauer gesagt deren Kreativität und Engagement, bringt den Motor zum Laufen. Die passenden organisationalen Rahmenbedingungen sorgen dafür, dass die Bremsen gelöst und in die richtige Richtung gesteuert wird (siehe Abschn. 3.4).

Dazu braucht es Führungskräfte – allerdings nicht in der Art, wie vielleicht angenommen werden könnte. Denn:

> Führung nimmt keinen direkten Einfluss auf die Innovationsfähigkeit von Teams.

Besonders gut ließ sich der Einfluss von Führung auf die Innovationsfähigkeit von Teams während der Corona-Pandemie beobachten. Wie die Studie „Führen in Pandemiezeiten"[1] offenbarte, hatten die plötzlichen, flächendeckenden Veränderungen in der Arbeitswelt einen enormen Einfluss auf die Führung und Zusammenarbeit. Verglichen wurden die Ergebnisse von knapp 200 Personen vor und während der Pandemie (Fremd- und Selbsteinschätzung). Wie sich zeigte, stieg die mentale, körperliche und zeitliche Belastung, insbesondere in der Führungs- und Teamarbeit. Unter anderem folgende Aussagen lassen sich auf Basis der Studienergebnisse treffen:

1. Die Belastung im Team stieg stärker als die individuelle Belastung. Das war vor allem mit dem erhöhten Aufwand für Koordination und Technik zu erklären.
2. Die Innovationsfähigkeit stieg ebenfalls, sofern die individuelle Anstrengung erhöht wurde. Dieser Effekt wurde aber sofort wieder aufgezehrt durch die Belastung in der Teamkoordination, sodass die Innovationsleistung insgesamt sank.
3. Die Rolle der Führungskraft und die Führungsintensität nahmen entscheidend Einfluss auf das individuelle Belastungserleben. Auf die Innovationsfähigkeit im Team nahm Führung jedoch keinen Einfluss:[2] Eine gute, unterstützende Führung verringerte das Belastungserleben deutlich, aber selbst die am besten bewertete Führungskraft hatte keinerlei Einfluss auf den Grad der Innovation (siehe Abb. 3.2).

---

[1] Siehe Studienverzeichnis.
[2] Hasebrook et al. (2022).

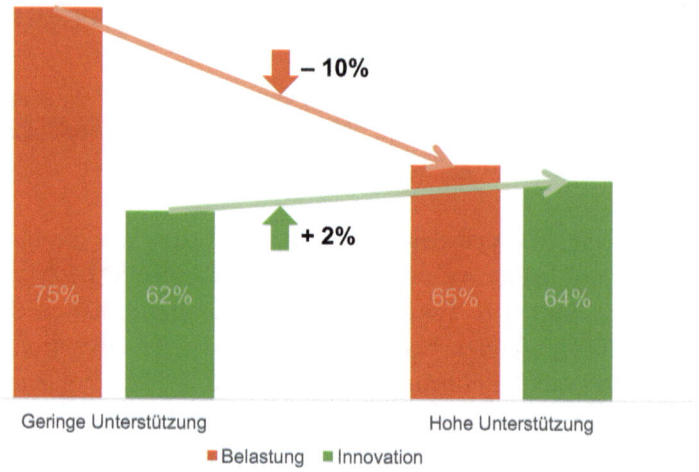

Abb. 3.2 Einfluss von unterstützender Führung auf die Belastung und den Innovationserfolg während der Coronapandemie. (Eigene Abbildung nach Hasebrook et al. (2021a), S. 23)

Das ist zunächst überraschend, denn es bedeutet, dass Innovation irgendwo anders entsteht. Dennoch ist die Bedeutung der Führungskraft unumstritten. Auch deshalb, weil umgekehrt schlechte Führung mit dafür verantwortlich ist, dass die in Teams entstandene Energie zum Erliegen kommt. Doch wie genau nimmt Führung dann Einfluss auf die Innovationskraft von Teams?

3.2 Führung schafft die Voraussetzung für Innovation im Team

Untersuchungen belegen, dass sich Führung messbar positiv auf Aspekte auf die Leistung und Zufriedenheit von Mitarbeitenden auswirkt.[3] Doch auf die Teamleistung lassen sich diese Ergebnisse nicht so einfach übertragen, wie unsere eigenen Studien zeigen. Bei einer Unter-

---

[3] Siehe z. B. Ng & Feldman (2015).

suchung mit 23 teilnehmenden Teams in deutschen Krankenhäusern[4] fanden wir zwar heraus, dass die Mitarbeiterzufriedenheit steigt, wenn die Führungskraft positiv wahrgenommen wird.[5] Einen direkten Einfluss auf die Leistung hatte sie aber nicht. Der zentrale Hebel zur Steigerung der Team- und Innovationsleistung war vielmehr eine positive Teamkultur, sprich: gegenseitige Unterstützung.

Ist Führung damit überflüssig? Nein, denn die Studie offenbarte hier eindeutige Zusammenhänge: „Gegenseitige Unterstützung im Team war der wichtigste Faktor zur Steigerung der Teamleistung. Entscheidend scheint die Wechselwirkung zwischen ethischer Führung und Teamunterstützung zu sein: Da ethische Manager selbst unterstützen und zur Unterstützung ermutigen, führt ethische Führung zu höherer gegenseitiger Unterstützung und diese dann zu mehr Leistung im Team."[6]

> Führung ist nie überflüssig.

Das bedeutet, dass Führung ebenfalls Einfluss auf die Innovationskraft von Teams ausübt. Aber eben nicht direkt durch ihre Wirkung auf die einzelnen Mitarbeitenden, sondern durch Verbesserung der Rahmenbedingungen.

Führung ist entscheidend verantwortlich dafür, dass ein Team funktionieren kann. Die Führungskraft schafft die individuelle Basis für Teamleistung, indem sie psychologische Sicherheit, Vertrauen, Zielklarheit und Spielräume gibt. Doch Führungskräfte leisten noch mehr als das. Sie beeinflussen die gesamte Teamkultur und schaffen damit überhaupt erst den Rahmen für Performanz und Innovationskraft.

Den Einfluss von Führung auf die Teamleistung visualisiert Abb. 3.3: Die Führungskraft wirkt indirekt auf die Teamleistung. Sie beeinflusst mit ihrer Art des Leaderships individuelle Komponenten wie die Leis-

---

[4] Vgl. Hackl & Gerpott (2015).
[5] In diesem Fall wurde untersucht, welchen Einfluss ethische Führung ausübt. Führungskräfte, die nach diesem Prinzip führen, sind „moralische Personen", die sich dadurch auszeichnen, dass sie vertrauenswürdig, ehrlich und beständig sind, sich Werten verpflichten und auf deren Einhaltung achten. Vgl. Treviño (1986), Treviño et al. (2003), Treviño & Brown (2004), Hasebrook et al. (2020), S. 131.
[6] Hasebrook et al. (2020), S. 131.

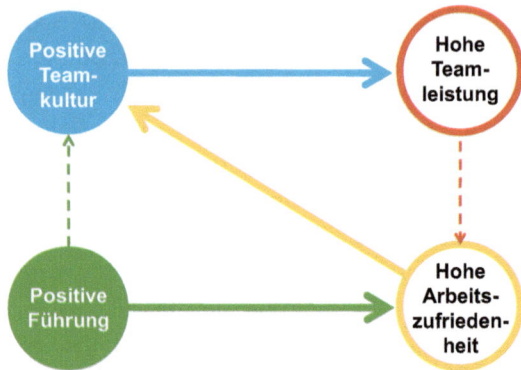

Abb. 3.3 Führung und Teamleistung nach Hackl & Gerpott (2015), Hasebrook et al. (2020)

tungsbereitschaft und sorgt mit für den Grad der Arbeitszufriedenheit. Ist diese bei den Mitarbeitenden in der Gruppe hoch, sorgt dies für eine positive Teamkultur. Daraus erst resultiert eine hohe Teamleistung.

> Das Führungsverhalten hat keinen direkten Einfluss auf die Teamleistung.

Die Führungskraft sorgt also durch ihre Führungsarbeit dafür, dass der Energieladestand beim Individuum hoch ist. Im Motor Team kommt diese Energie dann aber erst zur vollen Entfaltung und übersetzt sie in Leistungs- und Innovationskraft.

Dabei bleibt nochmals festzuhalten: Mitarbeitende stellen individuelle Anforderungen an die Führungsarbeit. Den einen passenden Führungsstil kann es demnach nicht geben. Ein heterogen zusammengesetztes Team setzt eher ein multiples Führungsverständnis voraus, also eine Art der Führung, die sich personen-, phasen- oder situationsbezogen stark unterscheiden kann. Moderne Führungskräfte müssen folgerichtig eine ganze Reihe an Handlungs- und Haltungskompetenzen beherrschen.[7]

Die Vorstellung des Individuums als Energielieferant mag abstrakt erscheinen, macht jedoch gleichzeitig deutlich, dass eine ganze Reihe an

---

[7] Siehe Baumann (2020), S. 87 ff.

Rahmenbedingungen stimmen muss, damit Mitarbeitende einen optimalen Beitrag zur Leistungs- und Innovationsfähigkeit von Teams bringen können. Denn damit Energie weitergegeben werden kann, muss sie erstmal vorhanden und sollte möglichst hoch sein.

Damit Führung individuelle Energie aktiviert und Innovationskraft im Team herbeiführt, müssen zwei Voraussetzungen erfüllt sein.

3.2.1 Erste Voraussetzung: Psychologische Sicherheit

Psychologische Sicherheit ist neben Vertrauen eine entscheidende Komponente für die Zusammenarbeit im Team und eine Voraussetzung dafür, dass Individuen ihre Leistung und Kreativität entfalten können. Während sich Vertrauen allerdings immer auf ein konkretes Gegenüber richtet, wirkt psychologische Sicherheit als gemeinsame Überzeugung, dass man innerhalb des Teams zwischenmenschliche Risiken eingehen kann.[8] Es ist die gemeinsame und individuelle Gewissheit, dass man gegenüber der Führungskraft und im Rahmen der Organisation auch Fehler machen und gewisse Risiken eingehen kann, ohne deshalb direkte negative Konsequenzen befürchten zu müssen.[9] Wesentliche Aspekte der psychologischen Sicherheit sind also[10]:

1. Offen die eigene Meinung ohne Angst äußern.c
2. Informationen nicht zurückhalten, sondern miteinander teilen.
3. Fehler und Schwachpunkte werden als Lernchance betrachtet.
4. Talente und Fähigkeiten im Team werden geschätzt und eingesetzt.

Durch psychologische Sicherheit entsteht ein geschützter, stabiler und verlässlicher Handlungsraum, der eine hohe Arbeitsleistung ermöglicht und begünstigt. Aber nicht nur das, auch kontinuierliches Lernen, erfolgreiche Prozessveränderungen, Mitarbeiterengagement und Innovationsfähigkeit werden dadurch im Team gefördert. Das macht dieses

---

[8] Vgl. Edmondson (1999).
[9] Siehe Biemann & Weckmüller (2021).
[10] Siehe Goller und Laufer (2018), S. 11.

Konzept insbesondere vor dem Hintergrund der VUCA-Welt und ihrer Anforderungen zum Erfolgsfaktor Nr. 1 für Teams.[11]

> Psychologische Sicherheit gilt als wichtigster Erfolgsfaktor in der Teamzusammenarbeit.

Dass Führungskräfte eine Schlüsselrolle beim Aufbau psychologischer Sicherheit einnehmen, ist zunächst nicht verwunderlich. Sie nehmen direkt darauf Einfluss, unter anderem durch die klare Formulierung von Zielen und Erwartungen, durch regelmäßiges Feedback, durch das Installieren einer positiven Fehlerkultur im Team, durch Kritikfähigkeit, durch Transparenz, durch die hohe Gewichtung einer offenen, wertschätzenden Teamkommunikation oder durch Beteiligungsmöglichkeiten (siehe weiter unten).

Diese Erkenntnisse bestätigt auch die jüngst veröffentlichte Studie einer internationalen Forschergruppe[12]: Ein schlechter Führungsstil wirkt sich negativ auf das Verhalten der Mitarbeitenden aus. Als schlecht bezeichnen die Studienverantwortlichen vor allem eine Führung, die ohne Empowerment der Mitarbeitenden stattfindet. Mit Empowerment oder Ermächtigung werden Bemühungen vonseiten der Führungskraft beziehungsweise des Unternehmens verstanden, besondere Stärken und Qualitäten von Mitarbeitenden zu erkennen und gezielt weiterzuentwickeln. Fehlendes Empowerment führt auf Dauer zu einer fortschreitenden Resignation und sinkender Motivation. Mitarbeitende ergreifen dann immer weniger die Initiative und am Ende sinkt der wirtschaftliche Erfolg des gesamten Unternehmens.

Schlechte Führung im genannten Sinn wirkt sich auf manche Mitarbeitenden mehr als auf andere aus. Es sind insbesondere Menschen betroffen, die nach beruflichem Aufstieg streben. Eine Mitarbeitergruppe also, die unter normalen Umständen äußerst engagiert ist, kann bei fehlendem Empowerment in eine Negativschleife fortschreitender Unproduktivität geraten.[13]

---

[11] Siehe Goller und Laufer (2018), S. 3 ff.
[12] Siehe Young Sun et al. (2023).
[13] Vgl. Young Sun et al. (2023), Stevens Institute of Technology (2023).

Den Zusammenhang zwischen psychologischer Sicherheit, Führung, Leistungsanspruch und Kommunikation veranschaulicht die Tabelle: In Teams mit nachweislich niedrigem Leistungsoutput herrscht ein starkes Machtgefälle sowie die Tendenz zur gegenseitigen Be- und Verurteilung vor. Die verantwortliche Führungskraft übt eine starke Kontrolle aus und präferiert starre Zielvorgaben. In Krisenmomenten zeigt sich innerhalb dieser Teams ein reaktives Verhalten und Handeln, das Vermeidungsstrategien fördert und keinen konstruktiven Umgang mit Fehlern ermöglicht. Die Tab. 3.1 fasst den Einfluss von psychologischer Sicherheit, Leitung, Leistungsanspruch und Kommunikation auf Teams zusammen (nach Hasebrook et al., 2020, S. 30 f.):

Tab. 3.1 Einflussfaktoren auf Teams mit geringer und hoher Leistung (eigene Abbildung nach Hasebrook et al., 2020, S. 30 f.)

	Teams mit **geringer Leistung**	Teams mit **hoher Leistung**
Psychologische Sicherheit	Machtgefälle und gegenseitige Be-/Verurteilung (geringe Sicherheit)	Kaum Machtgefälle und hohes gegenseitiges Vertrauen (hohe Sicherheit)
Teamleitung	Kontrolle und direkte Leistungs- bzw. Zielvorgaben	Festlegung von Zielen im Team, Leitung moderiert und unterstützt
Teamrolle	Unklare, oft wechselnde und widersprüchliche Rollen, die nicht den individuellen Fähigkeiten entsprechen	Klare, an Stärken der Teammitglieder orientierte Rollen, die individuelle Sicherheit vermitteln, eine hohe Identifikation mit dem Team erlauben und kritische Diskussionen ermöglichen
Leistungsanspruch	Situationsbezogenes, reaktives Handeln und personenbezogene Beurteilung (z. B. Suche nach Schuldigen)	Selbstvertrauen und gegenseitiges Anspornen zu mehr Leistung
Teamkommunikation	Vermeiden von Diskussionen über Fehler und Vermeiden der Suche nach Feedback bzw. Leistungsbeurteilung	Anstoßen von Diskussionen über Fehler und Suche nach Feedback

Genau das Gegenteil ist zu beobachten, wenn das Machtgefälle niedrig ist und die Zusammenarbeit auf gegenseitigem Vertrauen aufbaut. Die Teammitglieder empfinden dann ein hohes Maß an psychologischer Sicherheit. Die Führungskraft greift moderierend und unterstützend ein, eine Zielfestlegung erfolgt jedoch gemeinsam im Team. Insbesondere in Krisenphasen zeigen solche Teams ein hohes Maß an Selbstvertrauen, der Umgang mit Fehlern ist konstruktiv. Im Ergebnis ist in solchen Konstellationen ein hoher Leistungsoutput zu beobachten.

Überraschend ist aber, dass die Rolle des Teams bei der Entstehung von psychologischer Sicherheit noch bedeutsamer ist als die Führungskraft selbst. Wie bereits früher in diesem Unterkapitel ausgeführt, wirkt sich eine positive Führungskultur direkt positiv auf die Mitarbeiterzufriedenheit, die Mitarbeiterbindung und die Mitarbeiterleistung aus. Diese Faktoren führen zu einer positiven Teamkultur, die psychologische Sicherheit gibt. Die Teamkultur wiederum führt erst zu einer Steigerung der Leistung und Innovationskraft im Team ein.

> Psychologische Sicherheit entsteht nicht allein durch Führung, sondern auch durch eine positive Teamkultur.

Der zuletzt genannte Punkt ist von großer Bedeutung. Eines der überraschendsten Studienergebnisse war, dass Führung zwar das Leistungsverhalten Einzelner positiv beeinflusst, sie jedoch keinen direkten Einfluss auf die Leistungs- und Innovationsfähigkeit von Teams hat. Führung bietet hierfür lediglich den passenden Rahmen: „[Führung] *bestimmt weitgehend, wie kooperativ und vertrauensvoll Menschen in Teams arbeiten können. Diese Rahmenbedingungen bestimmen dann über Erfolg und Misserfolg.*"[14]

3.2.2 Zweite Voraussetzung: Mitarbeiterbeteiligung

Neben psychologischer Sicherheit gibt es noch einen zweiten Treiber für mehr Innovationsfähigkeit im Team – die Mitarbeiterbeteiligung. Das belegen unter anderem unsere Studien „Organisation der Zukunft" und

---

[14] Hasebrook et al. (2020), S. 128; vgl. auch Hackl et al., 2016; Hackl et al., 2021

„Mitarbeiterbeteiligung im Fokus", die wir am Forschungsinstitut Management Analytics in den Jahren 2017 bis 2019 durchgeführt haben.[15]

In diesen Studien konnten wir zeigen, dass der Wunsch nach mehr Beteiligung auf Seite der Mitarbeitenden stark ausgeprägt ist. Grundsätzlich ist darunter die Möglichkeit zur Teilhabe an Unternehmensprozessen und -entscheidungen zu verstehen, also keine monetäre Form der Mitarbeiterbeteiligung. Insbesondere vier Variablen nehmen Einfluss auf die Leistungs- und Innovationsfähigkeit. Dazu zählt die selbständige Planung von Arbeitszeiten im Team, die Beteiligung an der Entwicklung der Abteilungsstrategie, die selbständige Entscheidung über Lernfelder sowie die Entwicklung von Leistungszielen im Team.

Bei allen genannten Einflussfaktoren fällt der Führungskraft eine entscheidende Rolle zu. Denn sie sorgen dafür, dass Mitarbeiterbeteiligung als kommunikativer Prozess möglich wird, bei dem Hierarchieebenen überwunden werden und aus reinen Informationsprozessen – sofern sie überhaupt stattfinden – Interaktionsprozesse zu machen.[16]

Doch auch eine finanzielle Mitarbeiterbeteiligung wirkt sich positiv auf die Produktivitätssteigerung im Team aus. Studien rund um Beteiligungsmodelle, die in den USA unter dem Begriff „Shared Capitalism" diskutiert werden, legen diesen Schluss nahe. Denn durch die Kombination aus finanzieller Beteiligung und begleitenden Maßnahmen der Personal- und Organisationsentwicklung wird eine normative Basis geschaffen, die Teamarbeit stärkt und dagegen gerichtetes Verhalten sanktioniert.[17]

> Teambezogene Zielvorgaben und auf Unternehmensziele bezogene Belohnungssysteme verstärken den positiven Effekt von Mitarbeiterbeteiligung auf die Leistungs- und Innovationsfähigkeit von Teams.

Auch andere vergleichende Studie belegen den positiven Einfluss von Mitarbeiterbeteiligung auf die Teamleistung. Dazu müssen aber teambezogene Ziel- und Anreizsysteme kommen (siehe auch Abschn. 3.4). Hier zeigt sich ein eindeutig positiver Zusammenhang, ganz unabhän-

---

[15] Vgl. Hackl & Baumann (2018), Hackl & Baumann (2019).
[16] Hackl & Baumann (2019), S. 62.
[17] Vgl. Kruse et al. (2010), Hasebrook et al. (2020), S. 46.

gig von Branchen, Firmengrößen und Art der Teamarbeit. Individuelle Ziel- und Anreizsysteme dagegen verstärken zwar die Einzelleistung, untergraben aber die Kooperationsbereitschaft und damit die Leitung und Zielerreichung im Team.[18]

Der Wunsch und die Notwendigkeit nach mehr Beteiligung stößt in deutschen Unternehmen allerdings noch vielerorts auf altes Effizienzdenken und darauf ausgerichtete klassische Hierarchiemodelle (siehe auch Ausführungen in Kap. 1). Natürlich bleibt Effizienz weiterhin ein wichtiger Faktor der Wettbewerbsfähigkeit. Sie schafft aber immer weniger einen Wettbewerbsvorteil, sondern ist eine Grundvoraussetzung erfolgreichen Wirtschaftens geworden. Anders gesagt Innovationsfähigkeit hingegen macht den entscheidenden Unterschied aus. Insbesondere dann, wenn nicht kontinuierlich verbessert, sondern ein gänzlich neuer Weg eingeschlagen werden soll. Es ist sogar zunehmend so, dass Innovation Treiber der Effizienz geworden ist und darum der Begriff der „operativen Innovation"[19] den der „operativen Exzellenz" ablöst. Für Führung heißt das:

> Wenn Führungskräfte Mitarbeiterbeteiligung fördern, werden ihre Teams leistungsstärker und mit den Teams das Unternehmen innovativer und effizienter.

Die althergebrachten Effizienzmodelle passen immer weniger zu den aktuellen und zukünftigen Innovationserfordernissen. Denn: *„Die Innovationsfähigkeit einzelner Mitarbeiter und Teams* [werden] *durch klassische Hierarchien in der Organisation eingeschränkt".*[20] Es braucht also eine unterstützende Art der Führung, die hierarchische Strukturen überwindet und hinter sich lässt. Andernfalls wirkt sich dies negativ auf die Performance und die Innovationsfähigkeit von Individuen und des gesamten Teams aus.

Unter dem Strich lässt sich zusammenfassen: Eine Führungskraft, die die Voraussetzungen für hohe psychologische Sicherheit schafft und erhält, auf Empowerment der Mitarbeitenden setzt und dazu noch Mitarbeiterbeteiligung fördert, hat leistungs- und innovationsstarke Teams. Doch

---

[18] Vgl. Hasebrook et al. (2020), S. 45.
[19] Vgl. Hammer (2004).
[20] Hackl & Baumann (2019), S. 60; vgl. auch Hackl et al., 2016

damit ist noch nicht die Frage beantwortet, wie eng oder locker ein Team geführt werden sollte beziehungsweise möchte, um ein Maximum an Leistung zu entfalten. Die Antwort darauf liefert der nächste Abschnitt.

> **These 9.**
> **Teams wollen beides –**
> **eine grüne Wiese und**
> **einen Kompass.**

3.3 Führen und führen lassen

Da streng hierarchische Strukturen der Leistungs- und Innovationsfähigkeit von Teams entgegenwirken, gibt es eine naheliegende Schlussfolgerung: Teams wünschen sich möglichst viel Autonomie und wenig Führung. Doch das ist nicht richtig, wie unsere Studien zeigen. In einer Studie befragten wir über 300 Mitarbeitende aus mittelständischen Betrieben zum Thema Selbst- und Fremdführung. Wir wollen wissen, wie viel Führung sich Teams wünschen und wie förderlich das Maß an direkter Führung oder Selbstführung für die Leistung – individuell und im Team – ist. Die Ergebnisse waren überraschend und deutlich (siehe Abb. 3.4).

> Teams wollen weder geführt werden noch sich selbständig führen. Sie wollen beides.

Rund 76 % der Teilnehmenden sprechen sich sowohl für eine starke Selbstverantwortung im Team als auch eine klare Führung aus. Nur rund 14 % dagegen wünschen sich rein selbstorganisierte Teams. Abgeschlagen auf den hinteren Plätzen landet die Variante der Einzelarbeit ohne durchgreifende Steuerung und ohne Teamorientierung (7 %) sowie die mit Abstand unbeliebteste Variante einer starken externen Steuerung ohne Teamorientierung (3 %).[21] Wie eng wollen Mitarbeitende beziehungsweise Teams geführt werden? Wie Abb. 3.4 zeigt ist die Antwort auf die Frage: Wollen Teams geführt werden oder sich selbst führen? – beides!

Zunächst mag diese Erwartungshaltung vonseiten der Mitarbeitenden wie ein Widerspruch erscheinen. Auf den zweiten Blick macht der Wunsch nach beiden Führungsarten aber durchaus Sinn. Es handelt sich um einen Zustand der „ausgerichteten Autonomie" (vgl. Abb. 3.4), der einen hohen Handlungsspielraum bei gleichzeitig klaren Zielvorgaben verbindet. Sowohl Führung als auch der Teamfokus sind stark ausgeprägt. Am wenigsten akzeptiert werden reine Befehle, also

---

[21] Hasebrook & Hackl (2020).

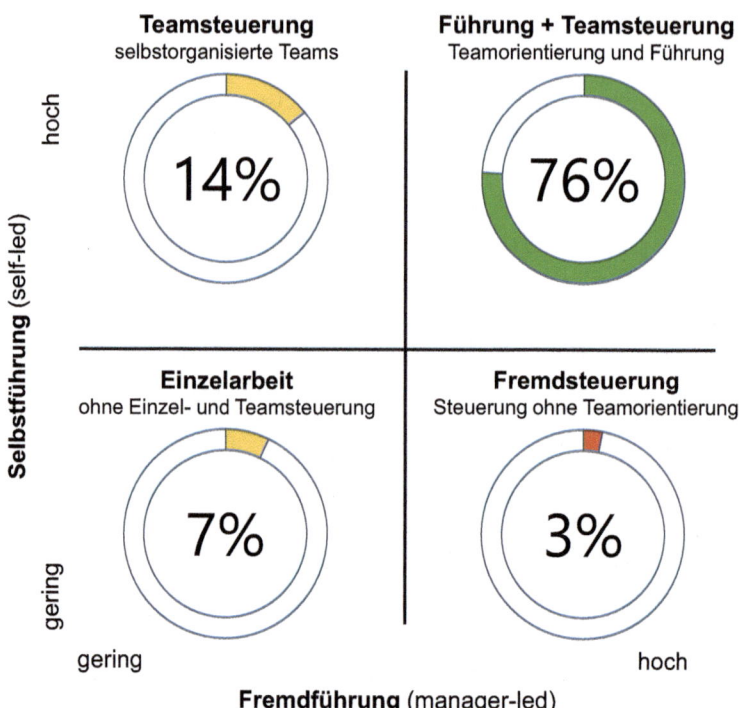

Abb. 3.4 Studienergebnisse auf die Frage: Wie viel Teamorientierung und Führung wünschen Sie sich? (Eigene Darstellung nach Hasebrook & Hackl, 2020, S. 79)

ein Zustand mit starker Führungs-, jedoch geringer Teamausprägung. Ebenfalls wenig Akzeptanz erfahren „Chaos" und „Mikromanagement", zwei Zustände, in denen Führung schwach ausgeprägt ist und die sich je nach Teamfokussierung unterscheiden.

Welche Balance zwischen Führung durch das Management und Selbstführung im Team optimal ist, hängt wiederum davon ab, ob Performanz oder Innovation im Vordergrund stehen (siehe Kap. 1). Um das zu verstehen, lohnt sich ein Blick auf mögliche Abstufungen in der Selbstorganisation von Teams. Selbstorganisation bezieht sich dabei auf unterschiedliche Möglichkeiten der Einflussnahme als Team, etwa auf die Zielfestlegung, die Prozess- und Aufgabensteuerung oder die Ressourcenplanung.[22]

> Wie viel Führung und wie viel Selbstführung optimal sind, hängt davon ab, ob Performanz oder Innovation im Vordergrund stehen.

Es können vier verschiedene Varianten von Teams unterschieden werden:

1. managergeführte Teams,
2. selbstführende Teams,
3. selbstgestaltende Teams und
4. autonome Teams (vgl. auch Abb. 3.5).

Managergeführte Teams haben dabei den niedrigsten Grad an Selbstführung. Wie der Name schon vermuten lässt, führen Mitarbeitende hier lediglich aus, was ihre Führungskraft vorgibt. Auf Ziele, Prozesse und Aufgaben können sie keinerlei Einfluss ausüben. Anders sieht das bei sich selbst führenden Teams aus. Hier führen Mitarbeitende nicht nur aus, sie können auch Einfluss auf die Art der Ausführung und die Prozesssteuerung nehmen. Sich selbst gestaltende Teams haben noch einen Hebel mehr zu bedienen. Hier haben die Mitarbeitenden ein Mitspracherecht bei Ressourcenplanung und -einsetzung. Die höchste Form der Selbstbestimmung weisen autonome Teams auf, die alle wesentlichen Aufgabenbereiche und Entscheidungen selbst verantworten.[23]

Beim Blick auf hiesige Unternehmen zeigt sich, dass die meisten Teams den ersten beiden Kategorien angehören, also managergeführt sind oder sich selbst führen. Nur sehr selten dagegen findet man Teamvarianten mit einem höheren Grad an Selbstbeteiligung vor.[24] Doch

---

[22] Siehe Kaltenecker (2018).
[23] Siehe Hackmann (2002); Hasebrook et al. (2020), S. 41–43.
[24] Kaltenecker, 2018.

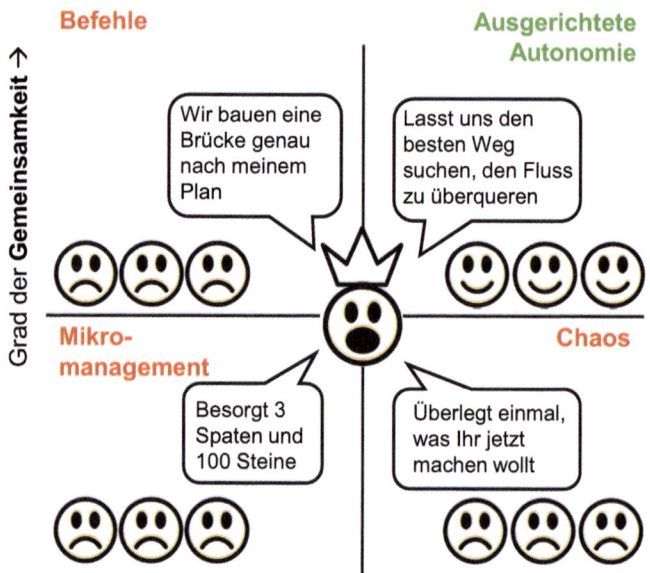

Abb. 3.5 Visualisierung des Zusammenhangs zwischen Teamfokussierung und Selbstorganisation. (Eigene Darstellung)

welche Teamvariante bringt die größte Leistung? Ist mehr Selbstorganisation auch immer gleichzeitig besser?

> Hochleistungsteams benötigen klare Vorgaben und zugleich situativen Handlungsspielraum.

Ein Blick auf die Organisation von Feuerwehr-, Polizei- und Rettungsteams gibt darauf eine Antwort. Hier müssen auch in Stress- und Drucksituationen schnelle, klare Entscheidungen getroffen werden. Wie sich zeigt, sind diese Hochleistungsteams zum Teil managergeführt, zum Teil führen sie sich aber auch selbst.[25] Vorgaben und Richtlinien

---

[25] Siehe Pawlowsky & Steigenberger (2012); Mistele & Kirpal (2006); Hasebrook et al. (2020).

sind zwar managergeführt, also von der Organisation sehr genau vorgegeben. Die eigentlichen Einsätze aber sind selbstgeführt, werden nicht zentral vom Einsatzleiter gesteuert, sondern vor Ort in enger Rückkopplung mit dem Team. Denn nur so kann das Geschehen am besten eingeschätzt werden. Mitarbeitende erfahren eine direkte Wertschätzung ihres Wissens und Könnens, bleiben hoch motiviert und lernen durch die gemeinsame Reflektion im Team permanent dazu".[26]

Es ist also eine Mischung aus klarer, enger Führung und Selbstführung, die in der Praxis von Einsatzkräften gut funktioniert. Das lässt sich auch auf andere Unternehmen und Teams übertragen. Ergänzend muss noch festgehalten werden, dass Führung auch dann eine große Rolle spielt, wenn sich die disziplinarische Führungskraft zurücknimmt. Man spricht dann von informeller oder verteilter Führung. Die Führungsarbeit findet also nach wie vor statt, wird aber auf einzelne Gruppenmitglieder verteilt.

> **Führung findet nicht nur vonseiten der Führungskraft, sondern verteilt im Team statt.**

Die Möglichkeit verteilter Führung in Teams steigert nachweislich die Zufriedenheit, die Bindung und die Leistung im Team.[27] Es bedeutet aber nicht, dass die Führungskraft keine Rolle mehr spielt – so wie Sportmannschaften einen Trainer oder eine Trainerin am Feldrand haben. Er oder sie gibt vor und während dem Spiel Anweisungen, analysiert im Nachgang, spricht mit jedem und jeder Einzelnen und mit der Gruppe, motiviert und unterstützt. Wie eng er oder sie führt, ist wiederum ganz abhängig von der eigenen Person und der Mannschaft, die trainiert wird. Wichtig ist, dass die informellen Teamrollen erkannt und die Führungspersonen innerhalb der Mannschaft aktiv unterstützt werden.

---

[26] Hasebrook et al. (2020), S. 42 f.
[27] Siehe Fransen et al. (2015); Hasebrook et al. (2020).

Nicht nur im Sport, auch in Unternehmen wird es immer selbstverständlicher, dass sich Teams in passendem Ausmaß selbst führen und die formelle Hierarchie an Bedeutung verliert. Entsprechend setzen sich auch hier Modelle der verteilten Führung durch, insbesondere in selbstgeführten Teams.[28] Wenn die Ziele klar sind und die Teamrollen verteilt sind, muss die Führungskraft nur noch unterstützend oder regulierend eingreifen.

Unter dem Strich lässt sich festhalten, dass Führungskräfte das Fundament für erfolgreiche Teamarbeit legen. Insbesondere dann, wenn das Team neben dem Individuum zum zentralen Bestandteil der Führungsarbeit wird. Wie Teamführung in der Praxis stattfinden kann, welche Aufgaben Führungskräfte in welchem Kontext übernehmen sollten, wird in Tabelle ersichtlich. Welche Rolle Zielvorgaben dabei spielen und wie sie ausgestaltet sein müssen, wird im Abschn. 3.4 erläutert (Tab. 3.2).

---

[28] Siehe de Cruz (2019); Hasebrook et al. (2020).

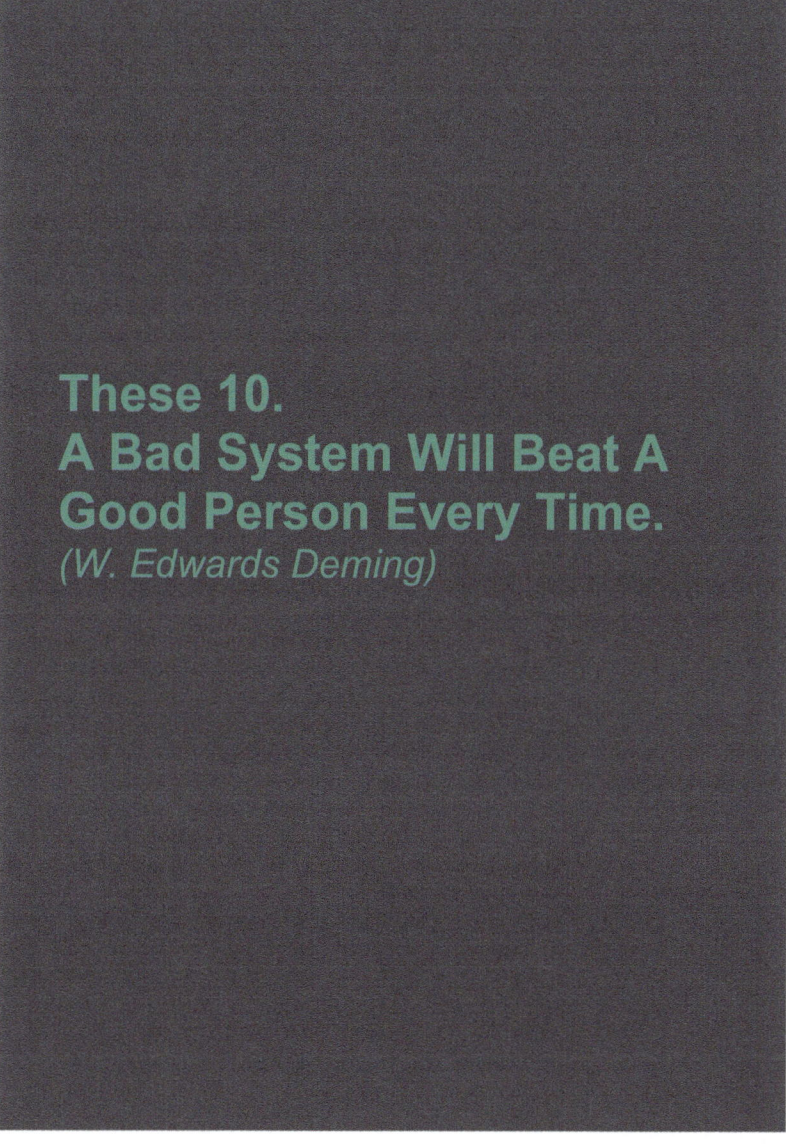

Tab. 3.2 Führungsaufgaben und mögliche Aktivitäten für Führungskräfte. (Eigene Abbildung nach Hasebrook et al. (2020), S. 137 ff.)

Führungspraxis/ Best Practice	Verhalten/Aktivitäten
Aufbau und Erhalten von Vertrauen	• Kommunikationsregeln und Verhalten klarstellen (z. B. positiver Sprachstil, keine Schuldzuweisung), positives Verhaltensbeispiel geben, Verstöße sofort benennen und Änderung einfordern • Bisherige Kommunikations- und Austauschgewohnheiten prüfen und umstellen (z. B. morgendliches Online-Teammeeting, explizite Agenda für Meetings, informeller Austausch z. B. durch „virtuellen Kaffeeklatsch") • Informations- und Dokumentenaustausch gleichberechtigt und transparent organisieren (z. B. Dokumentenablage statt E-Mail, generell EMails vermeiden und Messenger nutzen) • Verantwortung und Nachteile gleich verteilen (Zuständigkeiten klären und einhalten, Bildung von Subgruppen verhindern, auf gleichmäßige Belastung insbesondere bei Deadlines achten)
Klärung und Nutzung verschiedener Teamrollen	• Vorhandene Expertise auch außerhalb der bisherigen Berufsrollen erkennen und nutzen (z. B. Erfahrungen aus dem Freizeitbereich) • Wissens-, handlungs- und kommunikationsorientierte Teamrollen gezielt besetzen und im Team rotieren • Unklarheiten ausräumen, aber Unsicherheiten und Meinungsunterschiede aushalten und nicht unterdrücken
Etablierung neuer Arbeits- und Meetingstrukturen	• Divergente Ideen (z. B. Brainstorming) asynchron vor Meetings abfragen, Konvergenz (z. B. gemeinsame Beschlüsse) synchron während Meetings herbeiführen • Jedes virtuelle Treffen auch zur Stärkung der sozialen Beziehungen nutzen (z. B. kurze Feedbackrunde zu Beginn und am Ende) • Während Meetings Aufmerksamkeit und Teilnahme sicherstellen, z. B. durch Nachfragen und Bitte um Ergänzung bei Personen, die sich nicht aktiv beteiligt haben • Am Ende des Meetings Dokumentation und „To-do-Liste" für das gesamte Team sichtbar und zugreifbar zur Verfügung stellen (nicht nur per EMail versenden)

(Fortsetzung)

Tab. 3.2 (Fortsetzung)

Führungspraxis/ Best Practice	Verhalten/Aktivitäten
Überprüfung und Unterstützung der Teamentwicklung Sichtbarkeit und Zusammengehörigkeit des Teams Stärkung individueller Teammitglieder	• Schriftliche Kommunikation synchron (z. B. Messenger) und asynchron (z. B. Message Boards) auf Konflikte und Abweichungen prüfen und gegebenenfalls intervenieren • Gemeinsame Fortschritte und Arbeitsergebnisse sichtbar machen (z. B. Projektfortschrittsbericht oder Maßnahmenverfolgung) und Fokus auf positives Feedback legen • Fortschritte und Ergebnisse dokumentieren und kommunizieren, Austausch mit Stakeholdern und Aufmerksamkeit/Feedback des Topmanagements sicherstellen • Sicherstellen, dass alle Teammitglieder von der Teamarbeit profitieren und persönliche Beiträge ausreichend honoriert werden (z. B. Erwähnung bei Meetings, Teampunkte, Onlinezeremonie) • Bei Zugehörigkeit zu verschiedenen Teams und/oder Bereichen sicherstellen, dass alle Führungskräfte die individuelle Leistung kennen und anerkennen

3.4 Rahmenbedingungen für innovationsförderliche Führung

Wenn Führungskräfte nicht direkt Einfluss nehmen auf die Leistungs- und Innovationsfähigkeit von Teams, dann müssen sie die passenden Voraussetzungen für Teams schaffen, damit diese entsprechend wirksam werden, also der Teammotor anspringt und richtig ins Laufen kommt. Eine große Rolle spielen dabei Zielvereinbarungen.

Die gelebte Realität im Unternehmensmanagement basiert auf folgender Grundidee: Wenn ich mehr Performanz oder Innovation möchte, dann setze ich die entsprechenden Ziele (einfaches Beispiel: ein höherer Anteil an Neuprodukten an der Gesamtproduktpalette). Im Hinblick auf die Steigerung von Innovationsfähigkeit funktioniert das aber nicht.

Wie im vorherigen Abschnitt bereits angesprochen wurde, können je nach Grad der Selbst- oder Fremdführung vier verschiedene Arten von Teams unterschieden werden. Eng damit verknüpft ist bei näherer Betrachtung auch die Art der Zielvereinbarung, wie Abb. 3.6 verdeutlicht. In Abhängigkeit vom organisatorischen Modus, der gerade im Fokus steht (Performanz vs. Innovation) braucht es unterschiedliche Arten von Vereinbarungen.

Abb. 3.6 Einfluss der Art der Führung auf die Performanz und Innovationskraft. (Eigene Darstellung)

Die Krux an der Sache ist, dass Führungskräfte zwar Ziele mit ihren Mitarbeitenden und Teams vereinbaren, jedoch die Organisation vorgibt, welcher Art diese sind beziehungsweise die Grenzen bei Zielvereinbarungen setzen. Das bedeutet:

> Der organisatorische Kontext für Führung definiert, wie viel Innovationskraft im Team überhaupt entstehen und genutzt werden kann.

Grundsätzlich lässt sich sagen, dass Zielklarheit von größter Relevanz für den Teamerfolg ist. Dieser Faktor wirkt sich deutlich stärker aus als beispielsweise die Teamgröße oder Teamboni. Bei der bereits erwähnten Studie zur Fremd- und Selbststeuerung wurden über 300 Mitarbeitende auch bezüglich unterschiedlicher Ausprägungen von Zielklarheit befragt. Das Ergebnis zeigt, dass die Art der Zielvereinbarung sich unterschiedlich auf die Teamleistung auswirkt: Die Teamperformanz wuchs bei angeordneten Zielen (in managergeführten Teams) an und erreichte ihren Peak in selbstführenden Teams, wenn Ziele vorgegeben und abgestimmt sind. Die Innovationskraft wiederum entfaltet sich insbesondere in selbstgestaltenden Teams, wenn Ziele zwischen Führungskraft und Teammitgliedern direkt abgestimmt werden. Der geringste Leistungsoutput zeigte sich bei einer komplett selbstverantworteten Zielauswahl durch die Mitarbeitenden in autonomen Teams (siehe dazu Abb. 3.5).

Wesentlich wichtiger als die reine Zieldefinition ist das kollektive Zielverständnis. Also eine gemeinsam geteilte Vorstellung darüber, was das Team erreichen möchte. Beispielsweise „der Gewinn einer Meisterschaft. Ein Team muss gewinnen wollen, um gewinnen zu können und sein ‚größtes gemeinsames Vielfaches' zu finden. Individuelle Zielvorgaben und Boni unterstützen eher Einzelkämpfertum, das hinter der Leistungsfähigkeit des Teams zurückbleibt und zum ‚kleinsten gemeinsamen Nenner' führt."[29]

Das belegen auch die Ergebnisse einer Studie im Auftrag des Bundesarbeitsministeriums (siehe Abb. 3.7), in der über 32.000 Mitarbeitende deutscher Unternehmen befragt wurden. Bei den Treibern für

---

[29] Hasebrook & Hackl (2020), S. 81.

3 Führung – die Steuereinheit zur Kraftentfaltung

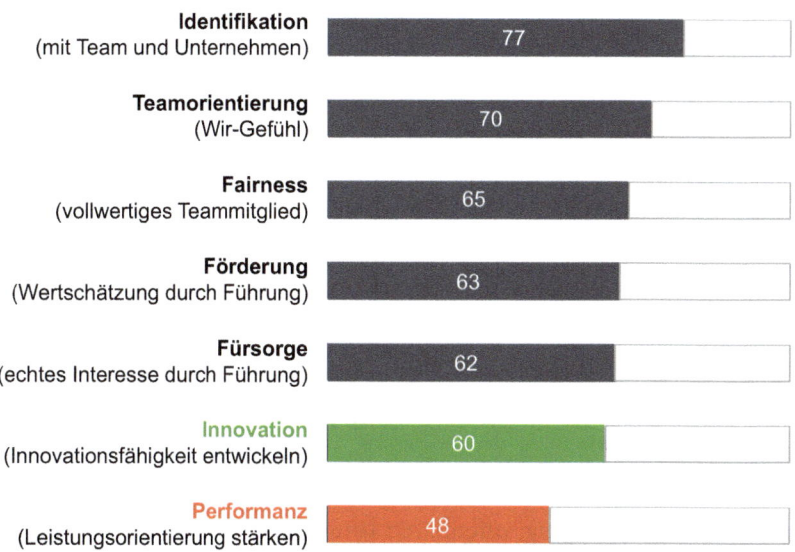

Abb. 3.7 Treiber für das Engagement von Mitarbeitenden. (Eigene Darstellung nach Hauser et al., 2018, S. 126)

das individuelle Engagement landete „Identifikation" mit klarem Abstand auf Platz 1 (77 %). Gemeint ist damit die Identifikation mit dem Unternehmen sowie dem eigenen Team. Auf den nachfolgenden Plätzen mit sehr hoher Ausprägung rangierte die „Teamorientierung" ganz vorne (70 %), dicht gefolgt „Fairness", d. h. sich als „vollwertiges Mitglied" im Team fühlen. „Förderung" (Wertschätzung) und „Fürsorge" (ehrliches Interesse) von Seiten der Führungskraft liegen mit 63 % und 62 % ebenfalls weit vorne. Interessanterweise landet das Interesse an „Innovation" (Fähigkeit zur Innovation fördern, 60 %) deutlich vor dem Thema „Leistung" (Leistungsorientierung, 48 %).

Zielvereinbarungen standen in direktem Zusammenhang zu allen genannten Punkten. Wie die Studienergebnisse offenbaren, führen individuelle Leistungsbeurteilungen bei Berücksichtigung der genannten Engagement-Treiber zu einer messbaren Leistungsverbesserung und zu höherer Arbeitszufriedenheit. Faire Leistungsbeurteilungen stärken die Identifikation mit dem Unternehmen und das Wir-Gefühl im Team, sie

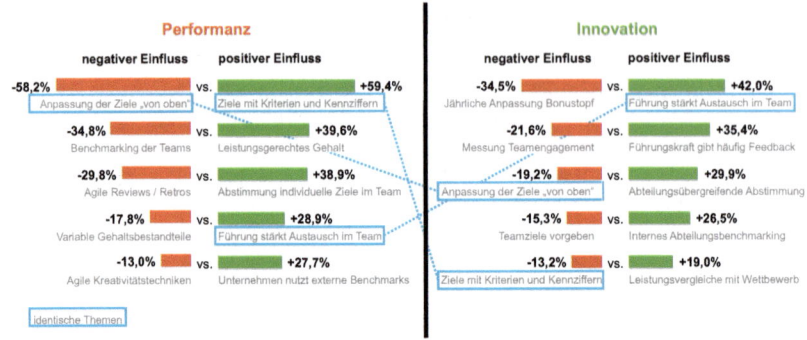

Abb. 3.8 Positive und negative Einflüsse von Führung und Steuerung auf Performanz und Innovation (eigene Darstellung nach einer Studie von Management Analytics, 2024)

bedeuten Wertschätzung, offenbaren Interesse und geben eine hilfreiche Rückmeldung zur geleisteten Arbeit im Teamkontext.

Voraussetzung für diese positive Leistungsentwicklung ist ein gemeinsames Verständnis der Ausgangslage im Team, eine gemeinsame Ambition, konkrete Maßnahmen und Einzelziele und das bereits angesprochene (regelmäßige) Feedback – im Team und von der Führungskraft.

In einer eigenen, aktuellen Studie zur Leistungssteuerung (Februar 2024, siehe Abb. 3.8) haben wir den Einfluss verschiedener Steuerungsgrößen auf Performanz und Innovation untersucht und insgesamt 234 Personen zumeist aus mittelständischen Unternehmen verschiedener Branchen befragt. Die Ergebnisse halten einige Überraschungen bereit und unterstreichen noch einmal, dass Performanz und Innovation nicht mit denselben Führungs- und Managementmethoden zu steigern sind, sondern unterschiedliche Ansätze bedingen. In Abb. 3.8 sind die größten positiven und negativen Einflüsse von Führung und Steuerung auf Performanz und Innovation nebeneinandergestellt. Zusätzlich ist in der Abbildung markiert wenn bestimmte Einflüsse mehrfach vorkommen. Zunächst haben wir die Top- und Low-Performer in Bezug auf Performanz und Innovation bestimmt (jeweils vier Quartile) und dann berechnet, welche Steuerungsmaßnahmen sich besonders positiv bzw. negativ auswirken (standardisierte Beta-Gewichte einer Diskriminanzanalyse). Stärke der Performanz und der Leistung wurden nach unserem

OTI-Modell jeweils auf individueller, Team- und Unternehmensebene eingeschätzt und für die Berechnung kombiniert.

Schauen wir zunächst die Treiber von Performanz an: Konkrete Ziele anhand von Kriterien und Kennziffern stehen an erster Stelle, gefolgt von leistungsgerechter Bezahlung und der Zielabstimmung im Team. Am meisten gebremst wird Performanz von (willkürlicher) Zielanpassung von oben, dem Leistungsvergleich zwischen (konkurrierenden) Teams und – interessanterweise – der regelmäßigen Selbstbewertung in agil arbeitenden Teams durch Reviews und Retrospektiven. Ganz anders die Innovationstreiber: Teamaustausch gefördert von der Führung und Feedback der Führungskraft stehen oben auf der Liste und unterstreichen noch einmal die Bedeutung der Führung für die Stärkung der Innovationskraft. Auch die abteilungsübergreifende Abstimmung zur Überwindung von Silos, internes Benchmarking – aber auf Abteilungs- und nicht auf Teamebene – sowie der Leistungsvergleich mit dem Wettbewerb finden sich im Ranking. Innovationsbremsen sind generelle Anpassung des Bonustopfs, Förderung der Konkurrenz im Team durch Messung des Engagements im Team und einseitige Zielanpassung „von oben".

Besonders interessant sind die Aspekte, die sowohl in Bezug auf Performanz als auch Innovation als Top-Beschleuniger und -Bremsen auftauchen:

- Führung, die den Austausch im Team stärkt, tauch bei Performanz und Innovation auf – und hat auf beide einen positiven Einfluss.
- Die einseitige Anpassung der Ziele „top down" ist ebenfalls ein Faktor, der zweimal auftaucht, dieses Mal als Bremse sowohl für Performanz als auch für Innovation.
- Ziele klar anhand von Kriterien und Kennziffern vorzugeben, fördert Performanz – aber bremst Innovation.

Der Vergleich der Beschleuniger und Bremsen von Performanz und Innovation macht noch einmal deutlich, dass Performanz und Innovation nicht dasselbe sind und damit im Management und der Führungsarbeit auch nicht gleichbehandelt werden dürfen. Es gibt aber auch Gemeinsamkeiten: Den Austausch im Team und damit die Teamfähigkeit zu stärken, wirkt immer. Und Ziele „von oben herab" einfach vorzugeben, statt Mitarbeitende zu beteiligen, schadet immer. Zusammenfassend

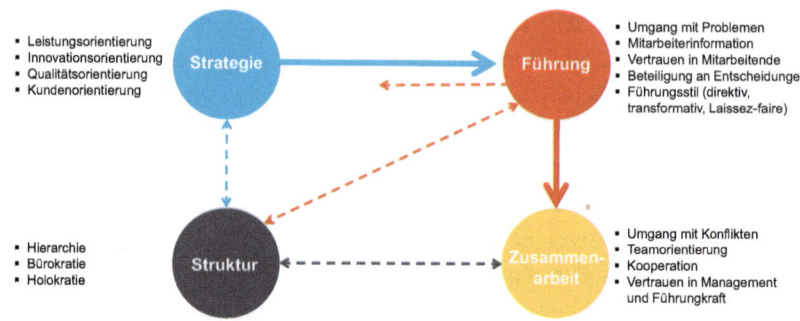

Abb. 3.9 Zusammenspiel von Strategie, Führung, Struktur und Zusammenarbeit. (Eigene Darstellung nach Jöns et al., 2006, und Hasebrook et al., 2021)

lässt sich festhalten, dass das Unternehmen die Art der Ziele und deren Relevanz vorgibt (individuelle Ziele oder Teamziele). Werden kollektive Zielvereinbarungen getroffen – eine Grundvoraussetzung für Leistungs- und Innovationsfähigkeit im Team – dann bietet die Führung die Unterstützung und Inspiration, um diese gemeinsam zu erreichen. Die Ergebnisse bestätigen damit eine alte Weisheit von W. Edwards Deming, dem folgendes Zitat zugeschrieben wird:

> **A bad system will beat a good person every time.**
> *(Qualitätsmanagementguru W. Edwards Deming)*

Sein Ausspruch gilt für Führungskräfte und Mitarbeitende gleichermaßen: Mitarbeitende und Führungskräfte können noch so gut sein, wenn die Rahmenbedingungen, die von der Organisation vorgegeben sind, Innovation nicht begünstigen, dann wird keine nennenswerte Innovation stattfinden.

Doch lassen Sie uns noch eine Ebene höher blicken: Wie hängen Unternehmenswerte, Strategie und Führung zusammen (vgl. Abb. 3.9) – und welchen Einfluss haben sie auf Kundenorientierung und Innovationskraft? In einer Studie mit 107 befragten Managern stimmten nahezu alle, nämlich 97 %, zu, dass ihr Unternehmen eine hohe Leistungs- und Qualitätsorientierung hat. Immerhin 63 % der Befragten bewerteten die Unternehmensstruktur als bürokratisch-hierarchisch. Das tut aber dem Vertrauen in die

Führung keinen Abbruch, denn 77 % der Teilnehmenden beurteilen den Führungsstil in ihrem Unternehmen als vertrauensvoll und transparent.

Eine hohe Kundenorientierung sehen aber nur 57 % der Befragten und eine hohe Innovationsorientierung sogar nur 38 %. Dazu passt, dass lediglich 28 % zustimmen, dass Mitarbeitende an Entscheidungen beteiligt werden. Wir hören immer wieder, dass letztlich die Unternehmenskultur die Leistungs- und Innovationsfähigkeit eines Unternehmens bestimmt. Unsere Daten sprechen eher dagegen: Der Faktor „Strategie" sagt die Werte in den anderen Skalen recht gut vorher (46 % korrekt), der Wert in der Skala Führung ist hingegen weniger aussagestark (36 % korrekt). Es spricht einiges dafür, dass die Strategie als Gesamtorientierung eines Hauses im Hinblick auf Leistungs-, Kunden- und Innovationsorientierung einen prägenden Einfluss auf Führung und Zusammenarbeit hat. Auch für Führungskräfte gilt: Systeme schaffen Situationen, Situationen prägen Verhalten.

Man darf es sich also nicht zu einfach machen:

> Es stimmt zwar: „Culture eats strategy for breakfast" (Peter Drucker) – es stimmt aber auch: Strategie formt Führungs- und Zusammenarbeit.

Die Stärken der Managementkultur in den Unternehmen liegen vor allem in einer hohen Leistungs- und Qualitätsorientierung, nicht aber in hoher Innovationskraft, die von hierarchisch-bürokratischen Strukturen und fehlendem Einbezug der Mitarbeiterschaft in Entscheidungsprozesse behindert wird. Aus der Studie ergeben sich zugleich konkrete Hinweise darauf, wie das Management die Innovationskraft stärken kann:

- Priorisierung von Team- und nicht von Einzelleistung durch Abbau von Wettbewerb,
- Stärkung der Eigen- und Teamverantwortung durch Beteiligung der Mitarbeitenden an Entscheidungen,
- Förderung einer offenen Kommunikation und eines konstruktiven Umgangs mit Konflikten, um das Vertrauen in den Teams und somit auch die Teamleistung weiter zu verbessern.

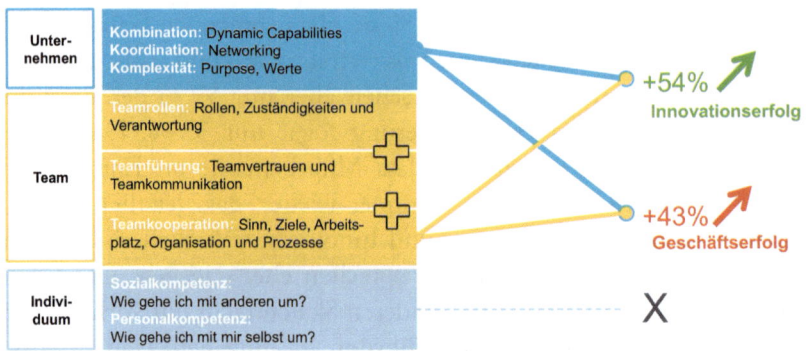

Abb. 3.10 Erhöhung des Innovations- und des Geschäftserfolgs durch Fokussierung von OTI (Organisation-Team-Individuum) auf den Innovationstreiber Teamarbeit. (Eigene Darstellung)

Kehren wir an den Anfang unserer Argumentation in Kap. 1 zurück: Wir hatten gezeigt, dass vor allem die organisatorische Einbettung den Rahmen für Innovations- und Geschäftserfolg steckt. Teamarbeit – oder allgemeiner: die Qualität der bereichs- und hierarchieübergreifenden Zusammenarbeit – ist der eigentliche Leistungs- und Innovationsmotor. Individuelles Engagement und individuelle Fähigkeiten haben auf den Erfolg nur einen indirekten Einfluss, weil sie der Treibstoff aber eben nicht der Treiber des Erfolgs sind (vgl. Abb. 1.2). Doch eine Antwort sind wir Ihnen bisher schuldig geblieben: Wie stark steigert denn die Ausrichtung von OTI – Organisation-Team-Individuum – den Erfolg? Dazu haben wir den Innovations- und den Geschäftserfolg aus der gewichteten Summe verschiedener Indikatoren bestimmt: Für Innovation z. B. den Anteil neuer Produkte und Dienstleistungen am Gesamtumsatz und für Geschäftserfolg das Erreichen der Plandaten für Umsätze und Kosten-Ertrags-Verhältnis. Dann haben wir den Unterschied zwischen den Unternehmen, deren Organisations-, Team- und Individualwerte im untersten Viertel lagen, mit den Erfolgswerten der Unternehmen im obersten Viertel verglichen. Im Ergebnis zeigte sich, dass das Top-Quartil einen um 43 % höheren Geschäftserfolg und einen sogar um 53 % erhöhten Innovationserfolg aufwies (vgl. Abb. 3.10).

Anhang

**These 11.
Der Hebel für
Innovationskraft legt sich
nicht von alleine um.**

Literatur

Baumann, D (2020). *Multiple Leadership – moderne Führungskonzepte und ihr Einfluss auf die Attraktivität von Arbeit*. In: Amelung, V. Eble, S., Sjuts, R., Ballast, T., Hildebrandt, H., Knieps, F., Lägel, R., Ex, P. (Hrsg.): Die Zukunft der Arbeit im Gesundheitswesen (S. 83–91). Medizinisch Wissenschaftliche Verlagsgesellschaft, Berlin.

Biemann, T., Weckmüller, H. (2021). *Psychologische Sicherheit: Erfolgsfaktor für Teamerfolg jenseits der Teamzusammensetzung*. Wissenschaftsjournal PERSONALquaterly 4/2021, S. 46–49.

de Cruz, N. (2019). *A Conceptual Overview of Attaining, Maintaining and Regaining Shared Leadership in High Performing Teams*. Journal of Leadership Education 18(1), S. 213–226.

Edmondson, A. (1999). *Psychological Safety and Learning Behavior in Work Teams*. Adm Sci Q 44:350, https://journals.sagepub.com/doi/10.2307/2666999. Abgerufen: 13.03.2024.

Goller, I. & Laufer, T. (2018). *Psychologische Sicherheit in Unternehmen. Wie Hochleistungsteams wirklich funktionieren*. Springer Gabler, Wiesbaden.

Hackl, B., Baumann, D. (2018). *Schmaler Grat zwischen Führung und Beteiligung*. Personalführung 4/2018, S. 14–21.

Hackl, B., Baumann, D. (2019). *Wenn Mitarbeiter zu Mitarbeitenden werden*. Personalführung 12/2019–1/2020, S. 58–63.

Hackl, B., Baumann, D., Hasebrook, J. (2021). *Reorganisation: Von der Kunst, Teams neu zu denken*. Personalführung 6/2021, S. 6–9.

Hackl, B., Friederichs, P., Wagner, M. (2016). *Zeitreise nach New Work*. Personalmagazin 02/16, S. 38–39.

Hackl, B. & Gerpott, F. (2015). *The Relationship of Ethical Leadership, Co-worker Support, Job Satisfaction and Team Performance*. Academy of Management Annual Meeting Proceedings 2015(1), S. 11688.

Hackmann, J. R. (2002). *Leading Teams. Setting the Stage for Great Performances*. Harvard Business Review Press, Watertown.

Hammer, M. (2004). *Deep Change: How Operational Innovation Can Transform Your Company*. https://hbr.org/2004/04/deep-change-how-operational-innovation-can-transform-your-company. *Abgerufen: 13.03.2024.*

Hasebrook, J., Hackl, B. (2020). *Starke Führung, starke Teams*. Personalmagazin 02.20, S. 78–81.

Hasebrook, J., Hackl, B., Rodde, S. (2020). *Team-Mind und Teamleistung. Teamarbeit zwischen Managementmärchen und Arbeitswirklichkeit*. Springer, Heidelberg.

Hasebrook, J., Hackl, B., Rodde, S. (2022). *Mehr Anstrengung, weniger Erfolg: Führen in Pandemiezeiten.* Transfer – Das Online-Magazin des Steinbeis-Verbunds. Auf: https://transfermagazin.steinbeis.de/?p=9686, abgerufen am 28.11.2023.

Hasebrook, J., Schraut, J. & Rodde, S. (2021). *Unternehmenskultur verstehen und verbessern.* Banking Hub. https://bankinghub.de/human-resources/unternehmenskultur-verstehen. Abgerufen: 13.03.2024.

Hauser, F., Schubert, A. & Aicher, M. (2018). *Unternehmenskultur, Arbeitsqualität und Mitarbeiterengagement in den Unternehmen in Deutschland.* Abschlussbericht Forschungsprojekt Nr. 18/05. Bundesministerium für Arbeit und Soziales, Berlin.

Jöns, I., Hodapp, M. & Weiss, K. (2006). *Kurzskala zur Erfassung der Unternehmenskultur (KUK).* Mannheimer Beiträge zur Wirtschafts- und Organisationspsychologie Mannheim H.1, S 16–23.

Kaltenecker, S. (2018). *Selbstorganisierte Teams führen. Arbeitsbuch für Lean & Agile Professionals.* dpunkt, Heidelberg.

Kruse, D. L., Freeman, R. B. & Blasi, J. R. (2010). *Shared Capitalism at Work: Employee Wonership, Profit and Gain Sharing and Broad-based Stock Options.* University of Chicago Press, Chicago.

Ng, T. W. H. & Feldman, D. C. (2015). *Ethical Leadership: Meta-analytic Evidence of Criterion-related and Incremental Validity.* Journal of Applied Psychology 100(3), S. 948–965.

Stevens Institute of Technology (2023). *Having a bad boss makes you a worse employee.* Pressemeldung des Stevens Institute of Technology. Auf: https://www.stevens.edu/news/having-a-bad-boss-makes-you-a-worse-employee, abgerufen am 30.11.2023.

Treviño, L. K. (1986). *Ethical Decision Making in Organizations: A Person-situation Interactionist Model.* Academy of Management Review, 11, S. 601–617.

Treviño, L. K. & Brown, M. (2004). *Managing to Be Ethical: Debunking Five Business Ethics Myths.* Academy of Management Executive, 18(2), S. 69–81.

Treviño, L. K., Brown, M. & Hartman, L. P. (2003). *A Qualitative Investigation of Perceived Executive Ethical Leadership: Perception from Inside and Outside the Executive Suite.* Human Relations, 55, S. 5–37.

Young Sun, U., Xu, H., Kluemper, D. H., Lu, X., Yun, S. (2023). *What Does Leaders' Abuse Mean to Me? Psychological Empowerment as the Key Mechanism Explaining the Relationship Between Abusive Supervision and Taking Charge.* https://journals.sagepub.com/doi/10.1177/10596011231204387, abgerufen am 30.11.2023.

4

Fazit – 11 Umschalt-Hebel auf dem Weg zur Innovationskraft

Umschalt-Hebel 1: Laufrichtung
Das Schöne am Innovationswettbewerb ist, dass er immer wieder von vorne beginnt. Hat man die ersten Phasen der Digitalisierung von Geschäftsmodellen verpasst, werden die Karten beispielsweise durch KI derzeit neu gemischt. Durch Innovationen entstehen neue Chancen, Rückstände aufzuholen oder im eigenen Feld in Führung zu gehen. Manager stellen sich ihr Business oft als ein Wettbewerbsspiel mit mehr oder weniger verbindlichen Regeln vor, z. B. wie ein Fußballspiel, in dem es darum geht zu gewinnen: Wer die meisten Tore schießt, hat gewonnen. Tatsächlich sind Geschäfts- und Arbeitsleben ein unendliches Spiel mit sich ständig ändernden Regeln, die zudem nicht für alle gleich gelten. Es geht also nicht darum, immer wieder einzelne Spiele zu gewinnen oder aber geschlagen vom Feld zu gehen. Es geht darum, ständig im Spiel zu bleiben und sich an die Regeln anzupassen, die gerade gelten: Start-up-Situationen sind wie Fußballspiele, in denen für gewöhnlich wenige Tore fallen, sodass der Zufall eine große Rolle spielen kann (z. B. Latten- und Pfostenschüsse oder Schiedsrichterentscheidungen). Reifere Märkte mit etablierten Produkten sind eher wie Basketball- oder Handballspiele, bei denen sich wegen der vielen Tore meist

die leistungsstärkere Mannschaft durchsetzt. Nur werden diese Spiele nicht nach 60 oder 90 min abgepfiffen, sondern gehen unendlich weiter. Darum muss es in einem ersten Schritt für Sie darum gehen, Innovationspotenziale im eigenen Geschäftsmodell, in den eigenen Prozessen, in Kundeninteraktionen zu erkennen. In einem zweiten, diese zu aktivieren. Das gelingt, indem Sie die gesamte Organisation, die Teams und die individuellen Routinen auf diese Potenziale hin auszurichten. Denn Erfolg ohne Neujustierung im heutigen Wettbewerb ist annähernd unmöglich!

Umschalt-Hebel 2: Einbettung
Die Individualfokussierung und -steuerung hat zur Folge, dass wir in Deutschland exzellente Mitarbeitende haben. Die Herausforderung besteht nun darin, dieses hohe Leistungsniveau auf Teams zu übertragen, also aus exzellenten Mitarbeitenden ein exzellentes Team zu machen. Hier liegt der Schlüssel für erfolgreiche Innovationen. Nur im Team wird aus Kreativität Innovationskraft. Damit die Zusammenarbeit im Team funktionieren kann, müssen Sie alle Rahmenbedingungen und Steuerungssysteme daraufhin ausrichten. Die wirksamste Form der Ausrichtung ist die Ausrichtung des Zielsystems an Unternehmenszielen und des Anreizsystems an der Teamleistung. Dies kann z. B. bedeuten, dass Teams sich selbst Ziele geben und festlegen, wie sie diese erreichen wollen. Ihre Leistung und ihr Bonus (oder eine Unternehmensbeteiligung) wird gemessen am Beitrag zum Unternehmenserfolg.

Umschalt-Hebel 3: Gold spinnen
Wir haben kein Problem in der Ideenfindung. Co-Creation-, Innovations- und Kreativräume in Organisationen sind weitgehend etabliert und erhöhen die Anzahl an neuen Ideen. Gerade agile Arbeitsformen sind geradezu darauf ausgerichtet, immer wieder Neues zu kreieren und zu produzieren (z. B. als „Minimal Viable Product", MVP). Diese Arbeits- und Organisationsformen bieten allerdings keine Lösung für die anschließende Herausforderung, an denen sehr viele Organisationen scheitern, nämlich diese Ideen weiterzuentwickeln und in die Umsetzung zu bringen – also aus Kreativität Innovationen zu machen. Das gelingt Ihnen nur, wenn Sie den Mut aufbringen, etablierte Manage-

mentsysteme entlang der Ebenen OTI (Organisation, Team und Individuum) weiterzuentwickeln und sie auf die Schöpfung von Innovationspotenzialen hin neu auszurichten.

Umschalt-Hebel 4: Bewegungsfreiheit
Viele Unternehmensverantwortliche versuchen vergeblich, ihre Organisation innovativ und performant gleichzeitig zu machen. Das funktioniert in der Praxis nicht, da die Anforderungen an die Zusammenarbeit zwischen und in Teams komplett andere sind. Ein „Innovations-Performanz-Team" kann es nicht geben. Deshalb gibt es auch keine ideale Organisationsform für Unternehmen, um „rund um die Uhr" innovativ oder allein auf Performanz ausgerichtet zu sein. Was Sie stattdessen brauchen, ist eine Organisationsform, die zwischen Innovation oder Performanz „schwingen" kann, sich also daraufhin ausrichtet, was gerade erforderlich ist. Die notwendige Zwischenphase zwischen den Polen Innovation und Performanz ist das Lernen: Lernen, um das kommende Neue zu bewältigen, und lernen, um aus dem bisher Geleisteten das Beste in die nächste Innovationsrunde mitzunehmen. Lernen ist hier ausdrücklich als individuelles Lernen (z. B. Digital- und KI-Skills), Teamlernen (z. B. Teamresilienz in Krisen) und Lernen auf Organisationsebene (z. B. Ausrichtung des Ziel-Anreiz-Systems) zu verstehen. Diese Art der Ausrichtung und des Lernens ist die zentrale Voraussetzung dafür, dass Organisationen „oszillieren" können.

Umschalt-Hebel 5: Zwischenmenschlich
Auch wenn es abstrakt erscheinen mag: Innovationskraft muss vom Team her gedacht werden, nicht vom Individuum. Denn Innovation entsteht erst aus dem Wechselspiel zwischen individueller Kreativität und Teamleistung, also aus der Vielfalt der Perspektiven nicht Einfalt des „einsamen Genies". Innovation entsteht dort, wo das Individuum ein sichtbarer und verantwortlicher Teil des Teams wird: Wertschätzung individueller Stärken und Beiträge, Ernstnehmen von Bedenken und zugleich klare Teamregeln und -werte, die den Teamerfolg über individuelle Ziele stellen. Es geht also um Team-Rollen, Team-Identität und Team-Motivation. Der entscheidende Punkt ist, Teams als Einheit zu verstehen. Das bedeutet beispielsweise, statt individueller Kreativität

den Umgang mit dieser Kreativität im Team zu fördern. Nur so kann es gelingen, aus einem mehr oder weniger leistungsstarken Team ein Hochleistungs-Team zu machen.

Umschalt-Hebel 6: Multiplikation
Teamleistung ist nicht abhängig von Einzelpersonen, sondern von der Qualität der Teamarbeit. Das gilt sowohl für die Teamfähigkeit als auch für Teamziele. Dies bedeutet, dass eher die Fähigkeit, im Team zusammenzuarbeiten trainiert und eingefordert werden muss als individuelle Exzellenz. Es bedeutet auch, dass Einzelziele und Individualbonuszahlungen die Zusammenarbeit im Team untergraben und daher kollektive Ziele, z. B. als Unternehmens- und Teamziele, im Vordergrund stehen müssen. Deshalb ist es nur logisch, von der bislang scheinbar alternativlosen Individualsteuerung zu einer ganzheitlichen Teamsteuerung zu wechseln, die kollektive Intelligenz und soziale Sensitivität in den Mittelpunkt stellt. Stellhebel können hier für Sie gemeinsame Spielregeln, klare Zielvorstellungen sowie eine gemeinsame Teamperspektive in Bezug auf interne Rollen sein.

Umschalt-Hebel 7: Risikogemeinschaften
Organisationen denken und handeln gerne in Organigrammen mit klaren Führungsspannen und Hierarchien. Um Innovationskraft zu entfalten, sollten Sie dieses Denken ablegen. Eine innovative Organisation braucht Alternativen zu eingefahrenen Management-Verhaltensmustern, in der Entscheidungen nur von den dafür befugten „Entscheidungsträgern" gefällt werden und die Dokumentation der Leistung (fast) wichtiger ist als die Leistung selbst. Legen Sie vielmehr Wert auf Risikobereitschaft, auf eine enge Verzahnung von Hierarchien, Berufsgruppen und Bereichen sowie auf die Schaffung von Freiraum für übergreifende Leistungs- und Belohnungssysteme. Denn nur dadurch kann es Ihnen gelingen, dass Ideen nicht nur entstehen, sondern dass sie weitergeführt werden und in die Umsetzung kommen.

Umschalt-Hebel 8: Boden bereiten
Ein Team zu führen, dass Innovationskraft entfalten soll, bedeutet, Verantwortung zu übergeben. Das meint mehr, als Aufgaben zu verteilen

und einzelne Personen zu führen. Es bedeutet, den Erfolg in Bezug auf die Teamzielerreichung in die Hände des Teams zu legen. Also ein Bewusstsein dafür zu schaffen, dass alle im Team diese Verantwortung tragen und nicht nur für ihren eigenen Job verantwortlich sind. Das bedeutet am Ende mehr und nicht weniger Führung, denn die Ausrichtung auf klare Beiträge zum Unternehmenserfolg, Erhalt der Leistungs- und Innovationskraft der Teams und die Befähigung des Teams immer besser zu werden nach dem Motto „Work smarter, not harder" – all das ist und bleibt herausfordernde Führungsarbeit.

Umschalt-Hebel 9: Kompass auf der grünen Wiese
Im Zusammenhang mit Innovation wird die Teamleistung zum zentralen Maßstab für gute Führung. Denn eine Führungskraft ist dann gut, wenn ihr Team ein Optimum an Leistung entfaltet. Die Kunst liegt darin, dass Sie Ihrem Team das „Was" und „Wohin" vermitteln, ihm das „Wie" aber selbst überlassen. Die meisten Führungskräfte sind gut darin, ihre Mitarbeitenden individuell anzusprechen und zu fördern. Sie sind meist auch gut darin, die Qualität der Arbeit zu überwachen und Leistungsstandards einzuhalten. Das reicht aber für Innovation nicht nur nicht aus, sondern es kann sie sogar lähmen. Gute Führung ist Herausforderung zum Risiko, Einfordern von Teambeiträgen jedes einzelnen Teammitglieds, Ausrichtung an Unternehmenszielen und Vermittlung eines positiven Zukunftsbilds, für die sich die Arbeit lohnt.

Umschalt-Hebel 10: Supportsystem
Führungskräfte sind in der Lage, die organisatorischen Leitplanken für ihr Team zu beeinflussen. Und das ist dringend nötig, denn oft genug scheitern Ideen genau daran. Es ist deshalb Ihre Verantwortung, dass Ideen angenommen und „verarbeitet" werden können, den Weg zur Umsetzung als systemseitig sicherzustellen. Als Führungskraft sind Sie auch der „Stimmungsmacher" bzw. die „Stimmungsmacherin" – nicht wie im Karneval oder als Clown, sondern als Verantwortliche oder Verantwortlicher für eine unterstützende, innovationsfördernde Team- und Arbeitsatmosphäre. Nicht umsonst reden z. B. Regulatorikbehörden vom „tone from the top" („Ton von oben"): Sie bestimmen als Führungsmannschaft durch ihr Rollenvorbild wie sich alle anderen im Unternehmen verhalten.

Umschalt-Hebel 11: Machen
Unternehmen sind weder starre Gebäude noch lebende Wesen (wie z. B. eine Markenpersönlichkeit). Sie sind eher Lebensräume oder Ökosysteme. Diese können nur bleiben, wenn sie sich ändern: Die ständige Anpassung ist weder vor allem Zumutung oder Risiko – sondern zuallererst pure Lebensenergie! Mit dem einen oder anderen AHA-Effekt aus diesem Buch sind Sie in der Lage, eine Veränderung herbeizuführen. Nun liegt es an Ihnen, den Hebel für mehr Innovationskraft zu bedienen.

Studienverzeichnis

Studien des Forschungsinstituts Management Analytics seit 2005 (Fortführung der Tabelle aus Hasebrook et al. (2020), S. 12 f.)

Kompetenztransfer in Teams von Gründer- und Mediaparks	2005–2009	Prof. Hasebrook, Sönke Dohrn/ International School of New Media (ISNM) an der Universität zu Lübeck
Innovationen im Management: Team und Diversity	2009–2013	Prof. Hasebrook für die Wissenschaftliche Hoch- schule Lahr (WHL) zusammen mit Frankfurt School of Finance & Management und Universität Oldenburg
Teamtraining mit Web 2.0 (Social Web in der betrieblichen Aus- und Weiterbildung)	2011–2014	Prof. Hasebrook/Dr. Rodde/ Gerold Muhr, Steinbeis-Hochschule Berlin zusammen mit Verband der Sparda-Banken
Best Practices für Gewinnung und Bindung Hochqualifizierter verschiedener Generationen	2013–2015	Prof. Hackl/Prof. Hasebrook, Forschungscluster HR|Im- pulsgeber zusammen mit Verband der Bayerischen Wirtschaft (vbw) und Arbeitgeberverband „Südwestmetall"
Auf dem Weg zur Agilität – die Adidas-Architektur	2015	Prof. Hackl, Forschungscluster HR|Impulsgeber

(Fortsetzung)

Studienverzeichnis

New Work I – Relevanz, Kontextualisierung und Relevanzprüfung von über 80 Variablen	2015	Forschungscluster HR|Impulsgeber, Forschungszentrum Management Analytics
New Work II – Wirkungsgrad auf die Innovationskompetenz von Unternehmen	2016	Forschungscluster HR|Impulsgeber, Forschungszentrum Management Analytics
Sicherung der ärztlichen Kompetenzkontinuität im demografischen Wandel	2014–2017	Prof. Hasebrook, zeb, zusammen mit Universitätskliniken Münster, Aachen, Rostock und Greifswald
New Work III – organisationale Architektur und Mitarbeiterbeteiligung	2016–2017	Prof. Hackl, Forschungscluster HR|Impulsgeber
New Work IV – Steigerung der Kompetenzen zur Strategieumsetzung und Digitalisierung	2017	Forschungscluster HR|Impulsgeber, Forschungszentrum Management Analytics
Interprofessionelle Bildungsinitiative in der Geriatrie (hierarchie-, berufsgruppen-, instituts- und regionenübergreifend)	2015–2018	Dr. Rodde/Prof. Hasebrook, zeb, zusammen mit Qualitätsverbund Geriatrie Nord-West-Deutschland e. V. und St. Franziskus-Stiftung Münster
Teamstudien Universitätskliniken und Rehakliniken, Maschinenbau- und IT-Unternehmen	2017–2019	Forschungscluster HR|Impulsgeber
Ausbau zukunftsfähiger Notfallrettung durch Telemedizin im ländlichen Raum (Evaluation von Kompetenz- und Innovationstransfer)	2017–2020	Prof. Hasebrook/Dorothea Kohnen, Steinbeis-Hochschule Berlin, zusammen mit Landkreis Vorpommern-Greifswald, Universitätsmedizin Greifswald und Universität Greifswald
Führung in Zeiten der Pandemie	2020	Prof. Dr. Hackl/Prof. Dr. Hasebrook, gemeinsam mit dem Bildungswerk Baden-Württemberg

Printed by Printforce, the Netherlands